Der Weg des Vergessens
Der Mikrokosmos im Makrokosmos

Der Weg des Vergessens

Der Mikrokosmos im Makrokosmos

Gabriele

Gabriele-Verlag
Das Wort

1. Auflage Juni 2011
© Gabriele-Verlag Das Wort GmbH
Max-Braun-Str. 2, 97828 Marktheidenfeld
Tel. 09391/504-135, Fax 09391/504-133
Internet: http://www.gabriele-verlag.de
Alle Rechte vorbehalten.

Druck: KlarDruck GmbH, Marktheidenfeld
Covermotiv „Freunde": © Astock/fotolia.com

ISBN 978-3-89201-330-3

Inhalt

Vorwort 9

Zur Einführung 11

Keine Energie geht verloren –
wo geht sie hin? 17

Jeder Mensch ist ein Mikrokosmos im
Makrokosmos – wir speichern unablässig. 22

Die feinerstofflichen Reinigungsbereiche
sind Aufenthaltsorte der Seelen. Im Jenseits
trägt die Seele ihre „Seelenkleider". 30

„Ich bin ein Gast auf Erden." 34

Die Buchhaltung Gottes – alle Details werden
registriert, alle Veränderungen aktualisiert. 39

Die Matrize, ein selbstgeschaffener
Strahlungskokon für den Weg der Seele
zur erneuten Wiedereinverleibung...................... 41

Alles wird präzise aufgezeichnet – deshalb:
Nütze den Augenblick, nütze den Tag! 46

In der Unendlichkeit gibt es keinen Stillstand.
Alles ist in Bewegung – alles wird geführt und
gelenkt. 48

Verstöße gegen das kosmische Leben –
und die Folgen daraus 51

Jeder Mensch, jede Seele hat den freien
Willen. Jeder Einzelne geht seinen eigenen,
individuellen Weg. 55

Die Umwandlung des Negativen, Schweren
in positive, leichte und kraftvolle Energien 57

Das Gegensätzliche, an dem viele Menschen
beteiligt sind, bildet ein Gruppenkarma 58

Der feinerstoffliche und der grobstoffliche
Makrokosmos – ihre Aufgabe im kosmischen
Geschehen 61

Das allumfassende Wirken des ewigen Geistes,
des kosmischen All-Bewusstseins 63

Der Weg des Vergessens – der Weg für jede
Seele zurück in die ewige himmlische Heimat 69

Der Weg der Seele nach dem Hinscheiden
ihres physischen Körpers 72

Eine entkörperte Seele, an ihr ehemaliges
Umfeld gebunden 77

„Das Leben, das ich selbst gewählt" 83

Die geistige Struktur des feinstofflichen Leibes
der göttlichen Wesen. Der durch gegensätzliche
Energien belastete Geistleib – die Seele 86

Die Wanderwege der Seele 89

Eine Seele inkarniert – Mensch und Seele
werden an den göttlichen Prinzipien der Zehn
Gebote und der Bergpredigt Jesu gemessen. 93

Der Weg jeder Seele, jedes Menschen mit dem
Christus Gottes heim ins ewige Sein 98

Vorwort

Wir leben wahrlich in einer Zeit, wie es sie weder vor noch nach dem Erdengang des Jesus, des Christus, je gab. Der Geist Gottes, der jedes Seiner Kinder ruft, gießt Sein Wort der Wahrheit in einer nie gekannten Fülle aus. So ist es jedem Menschen, jeder Seele möglich, den Weg zurück ins Vaterhaus zu beschreiten, der in allen Details gelehrt wird.

Dies konnte nur geschehen, weil Ihm in dieser Zeit ein Lichtbote im Erdenkleid zur Verfügung steht, der das Gotteswort direkt übermittelt und darüber hinaus jedem willigen Zeitgenossen den Weg in die Freiheit weist, indem Er gleichzeitig die Schritte zur Erweiterung seines Bewusstseins aufzeigt. Es ist Gabriele, die große Prophetin Gottes, die Ihm und ihren Mitmenschen, ihren Brüdern und Schwestern, seit mehr als 35 Jahren unermüdlich dient.

Aus der Quelle der göttlichen Liebe und Weisheit werden uns in diesem Buch von Gabriele die großen kosmischen Zusammenhänge nahegebracht – und insbesondere die Bedeutung dieser ehernen Gesetzmäßigkeiten für das Leben jedes einzelnen Menschen, jeder einzelnen Seele. Wer sich damit auseinandersetzt und die Inhalte mehr und mehr erfasst, wird sicher mit seinem Leben – ja, mit allem Leben – vorsichtiger und bewusster umgehen.

Ingrid Kinzel

Zur Einführung

In dem vorliegenden Buch werden wir auf einzigartige Weise in Gesetzmäßigkeiten des Lebens eingeführt, die uns neue Dimensionen des Daseins eröffnen. Universale Zusammenhänge zwischen dem Mikrokosmos und dem Makrokosmos sind so dargelegt, dass sie umfassend die gesetzmäßigen Abläufe vermitteln, die allem Leben zugrunde liegen. Wer den Inhalt dieses Buches nicht nur liest, sondern darüber nachdenkt und in Beziehung setzt mit all dem, was dem Einzelnen in jedem Augenblick begegnet, dem erschließen sich neue Erkenntnisse, deren weitreichende Bedeutung für die Gestaltung seines Lebens von unsagbarem Wert sind.

Wir erfahren, wie all das, was wir als Menschen fühlen, denken, reden und tun, nicht nur unablässig im Mikrokosmos Mensch gespeichert wird, sondern in beständiger Kommunikation steht mit weiteren Speicherquellen im grobstofflichen Makrokosmos und darüber hinaus in einem feinerstofflichen Makrokosmos.

Auch die moderne Wissenschaft macht sich die Erkenntnisse über Speicherkapazitäten, Kommunikation und das Gesetz von Senden und Empfangen zunutze.

Wie nie zuvor in der Menschheitsgeschichte bedient sie sich der Hilfsmittel, die auf einer groben Nachbildung, einer ins Gegenteil gekehrten Nutzbarmachung von kosmischen Gesetzmäßigkeiten, beruhen. Astral-Möglichkeiten, die zum Teil Abgründe auftun, bietet das Internet. So mancher Nutzer erschafft sich im Internet Raum für künstliche Welten, in die er sich hineinbegibt, um eine Art doppelbödiges, nicht zu ihm gehörendes, zweites Leben in der virtuellen Vorstellungswelt zu führen. In diesen virtuellen Welten gaukeln sich Menschen ein unwirkliches, aber für sie neues Persönlichkeitsprofil vor, eine neue Identität, die zu ihrer tatsächlichen menschlichen Identität nicht passt. Sie gestalten und speichern eine Wunsch-Konstellation von Wesenszügen und Charaktereigenschaften einer virtuellen Persönlichkeit, durch die sie sich dann, ähnlich wie im physischen Leben, bewegen, durch die sie kommunizieren und handeln. All ihre Bewegungen, ihre Kommunikationen, all das, was sukzessive aufgebaut und ständig ausgebaut wird, ist in dem gigantischen Speichersystem des Internets minutiös gespeichert. Jede Bewegung hinterlässt Spuren, die jederzeit den Rückschluss auf den Urheber zulassen, der die Inhalte in das Netz gespeichert hat.

So entsteht ein gigantisches Kommunikations- und Datennetz, das untereinander verknüpft ist und in dem sich Beziehungsnetzwerke von virtuellen Personen bilden, die darin agieren, sich bewegen, kommunizieren und handeln, ganz so, wie es in der materiellen Welt auch geschieht. So real es den Nutzern auch erscheint, für geradlinig denkende Menschen dürfte es klar sein: Diese Scheinwelt ist irreal und führt früher oder später zu schwerwiegenden Komplikationen, denn sie steht dem persönlichen, derzeitigen menschlichen Leben ins Gegensätzliche verkehrt gegenüber. Sie schließt die Kommunikation mit der seelisch mitgebrachten Identität aus. Erlauben Sie mir, zu sagen: Die virtuelle Gangart ist der Bodensatz des Satans. Unsere Welt ist ähnlich gestrickt für jene Menschen, die sich selbst nicht kennen.

Die wenigsten Menschen wissen, wer sie sind, geschweige denn, woher sie kommen und wohin sie gehen. Die allermeisten Menschen leben ihr Leben in der Scheinwelt der Materie, so, als wäre sie die einzige Realität.

Der bekannte Physiker Professor Hans-Peter Dürr sagte: „Die Materie ist wie die Schlacke des Geistes." Die Physik weiß, dass die Materie nur eine energetische

Erscheinungsform ist; es sind energetische Strukturen, die genauso der Umwandlung unterliegen, wie wir es bei allen Lebensformen beobachten können. Die Materie ist nicht von Dauer. Wer sie als das einzig Wahre annimmt, der lebt an seinem wahren Leben vorbei.

Ähnlich wie die virtuelle Welt im Internet von der Astralseite abgerufen werden kann, so wird auch jener Mensch zum Spielball der Gegensatzkräfte, der in den Tag hineinlebt, der sich treiben lässt und nicht erkennt, wer er selber ist.

Wissen Sie, wissen wir, wer wir sind?

So mancher lebt in seinen Tag hinein, weiß oftmals nicht, was sich hinter seinen Gefühlen und Gedanken abspielt, mit wem er damit in Kommunikation und Verbindung tritt. Viele Menschen sprechen, aber sie ergründen nicht, welche Gefühle und Gedanken sie zugleich bewegen. Sie handeln, doch erkennen häufig ihre tieferen Beweggründe nicht.

Aber auch wenn wir es nicht wissen – alles ist gespeichert. Wo? Unter anderem in den Gestirnen.

Die Gestirne klagen nicht an. Sie zeigen auf. Die Wahrheit über jeden von uns liegt in den Sternen. Die Ge-

stirne kennen jeden von uns ganz und gar; wir sind für sie ein offenes Buch. Kennen wir uns auch? Sind wir uns selbst gegenüber ein offenes Buch? Wenn ja, dann brauchen wir nicht die virtuelle, die Astral-Welt. Die Sterne durchschauen uns! Durchschauen wir uns, jeder sich selbst? Den Gestirnen können wir nichts vormachen, wie z.B. wenn wir vorgeben, großherzig zu sein oder bescheiden, ein gütiger Geber zu sein oder ein Monarch. Den Menschen kann man vieles vormachen. Die Gestirne jedoch zeigen uns unsere Maske und unsere Maskerade auf, denn die Sterne lügen nicht. Für viele wird es bitter sein, sich irgendwann selbst ungeschminkt anzusehen, sei es als Mensch oder als Seele. Geben wir uns im Diesseits noch so gönnerhaft, noch so großherzig – eventuell kommen wir als Seele im Jenseits, wenn die Masken fallen, als Gaukler an. Denn das Satanische ist ein Gaukler, und so mancher fällt darauf rein.
Die Buchhaltung des All-Bewusstseins, des kosmischen Seins, jedoch ist präzis und gerecht.

Was in dem vorliegenden Buch geschildert wird, ist real. Ob wir es annehmen wollen oder nicht, ob wir darüber nachdenken oder nicht, ob wir es beiseiteschieben und abtun oder nicht – jeder wird es einst erleben, spätestens dann, wenn er die irdischen Augen schließt und erkennt, dass hinter dem irdischen Leben, das ihm so real erschien, eine andere Realität wirkt. Diese Wirklichkeit erschließt sich spätestens jeder Seele dann Schritt für Schritt, wenn sie die von ihrem Menschen selbst geschaffenen Speicherungen, gleich Ursachen, erkennt und bereinigt, also der kosmischen Umwandlung übergibt. Dadurch wächst sie auf dem Weg des Vergessens in die Gesetzmäßigkeiten des Lebens hinein, die der einzigen Realität entsprechen, der ewigen Heimat unseres wahren Seins.

Martin Kübli

Keine Energie geht verloren – wo geht sie hin?

„Der Weg des Vergessens" – ein fesselndes Thema, denn keiner ist ausgeschlossen, wenn es heißt „Der Mikrokosmos im Makrokosmos".

Ein paar Fragen vorab:
Jeder Mensch hat seine persönliche Vergangenheit. Denken wir über unsere Vergangenheit nach, so stellen wir fest: Wir können uns an viele Details nicht mehr erinnern. Wir sagen so lapidar: „Vergangen ist vergessen." Da jedoch keine Energie verloren geht, wo sind dann die Energien – z.B. unsere Gefühle, Empfindungen, Gedanken, Worte, alles Positive und Negative in unserem Leben, auch unsere Gewohnheiten, also unsere gesamten Verhaltensmuster, all das, was wir unter die Rubrik „vergessen" oder „vorbei" einreihen – geblieben?
Ob die Menschen, die wir beleidigten oder gar geschädigt haben, uns vergaben oder eventuell noch darunter leiden, tun wir oftmals als Lappalie ab. Doch was nicht behoben, also nicht vergeben ist, bleibt bestehen, auch wenn wir ungeklärte Situationen vergessen haben. Wir

Menschen gehen allzu leicht über den Faktor „Energie" hinweg – doch jede Energie, die von jedem von uns ausgeht, bleibt existent; sie ist gespeichert in uns, im Mikrokosmos, und im Makrokosmos.

Menschen, die z.B. über einen Schicksalsschlag schwer hinwegkommen, hören häufig von Bekannten den Spruch: „Die Zeit heilt viele Wunden!" –
O ja, aber nur dann, wenn wir beim anderen keine Wunde, keine Schuld, zurückgelassen haben.
Jesus von Nazareth lehrte die Menschen aller Generationen Folgendes: *„Schließ' ohne Zögern Frieden mit deinem Gegner, solange du mit ihm noch auf dem Weg zum Gericht bist. Sonst wird dich dein Gegner vor den Richter bringen, und der Richter wird dich dem Gerichtsdiener übergeben, und du wirst ins Gefängnis geworfen."*
„Sonst wird dich dein Gegner vor den Richter bringen" – wer ist der Richter? Es ist immer das Gesetz von Saat und Ernte.
„... und der Richter wird dich dem Gerichtsdiener übergeben" – der Gerichtsdiener sind wir selbst; wir geben unsere Ursachen in unseren Körper und in unsere Seele ein. Das kann für uns wie ein Gefängnis sein, dann, wenn die Ursachen zur Wirkung kommen.

Die Wissenschaft lehrt uns, und weil es die Wissenschaft lehrt, gehen viele Menschen davon aus: Alles ist Energie, und keine Energie geht verloren. Wenn keine Energien verloren gehen – wo sind die unterschiedlichen Schwingungsgrade der Energien geblieben? Wo wurden und wo werden sie gespeichert? Ein Kommentar von vielen könnte lauten: „Man kann sich doch nicht an jede Kleinigkeit, an alle Details oder an Situationen mit anderen erinnern! Wer kann das schon?!" Richtig: Wer kann das schon? Doch jeder von uns hat verschiedene Ereignisse im Gedächtnis, z.B. bestimmte Situationen, die mit dem Nachbarn zu unliebsamem Streit führten, vielfach nur Kleinigkeiten, die aber nicht behoben sind. Oder uns fallen Begebenheiten ein, die uns längere Zeit in Gedanken bewegten, worüber wir uns auch immer mal wieder mit Freunden und Bekannten unterhielten. Oder uns kommen die einstigen Auseinandersetzungen mit dem Arbeitskollegen in den Sinn. Und vieles mehr.
Manches trat mit Ortsveränderungen aus dem Blickfeld. Man zog in eine andere Stadt und ließ auf diese Weise all die Misshelligkeiten und den Streit um oftmals unnütze Belange scheinbar hinter sich. Was der mitbetroffene Nachbar oder Arbeitskollege denken mochte,

ob er mit dem, was zu Misshelligkeiten, Streit und Vorwürfen führte, zurechtkam, haben diejenigen, die weggezogen sind, meist allzugern vergessen. – Viele Situationen und Begebenheiten, die der Alltag bringt, tut der Mensch generell allzu schnell mit dem Schlagwort ab: „Aus den Augen – aus dem Sinn!" Aber alles ist Energie. Wo ist die Energie der unbehobenen, ungetilgten und ungesühnten Ego-Auswüchse geblieben, da doch alles, aber auch alles, Energie ist?

Ähnliches gilt auch für das, was uns beflügelt, wie z.B. das beglückende Gefühl, das Abitur mit „gut" bestanden zu haben, oder die Freude über den Job, der uns angeboten wurde und den wir annahmen – natürlich mit Aufstiegsmöglichkeiten, wodurch es uns heute im fortgeschrittenen Lebensalter gut geht. Ein anderer wieder sonnt sich in diversen Urlaubserinnerungen, oder er preist jetzt noch die Fügung des Zusammentreffens mit Menschen, die ihm in seinem weiteren Erdenleben unerwartete Vorteile bescherte, und vieles mehr. Jeder Mensch hat seine Vergangenheit, und jeder von uns erinnert sich an das, was ihn längere Zeit beschäftigt hat, vorwiegend an das, was ihm von Nutzen war.

Was uns in der Vergangenheit sehr in Bewegung versetzte, wie z.B. Freude, berufliche Vorteile und Urlaubserlebnisse, aber auch Ärger, Trauer, Leid, Pech – das alles und Weiteres mehr gehört zum Erdenleben jedes Einzelnen. Tief beeindruckende und lang anhaltende Begebenheiten und Situationen bleiben also in Erinnerung und sind oftmals noch gegenwärtig, zumal wir immer mal wieder über das sprechen, was unser Erdenleben mit prägte. Wenn wir uns auch nicht mehr an alle Details dessen erinnern, was noch bildhaft vor uns ist, doch der Gesamteindruck bleibt. Das Erfreuliche, aber auch das, was in unserem Leben nicht in Ordnung war und nicht gerade zweckerfüllt verlief, bleibt in uns gespeichert.

Wenn alles Energie ist, so bauen wir in uns ständig weitere Energien auf, die unter Umständen zu ganzen Komplexen werden, weil wir immer und immer wieder an das Gleiche denken oder über dasselbe reden. Zum Beispiel stehen uns heftige Diskussionen immer noch lebhaft vor Augen, z.B. ein Streit, woraus sich eine Feindschaft entwickelte. Wir können sie bis zum heutigen Tag nicht vergessen, weil wir der Ansicht sind, der andere sei schuld und sei unversöhnlich.

Alles in allem kann gesagt werden: Wir erinnern uns vorwiegend an das, was in unserer Gefühlsebene wohl eingraviert ist, sich aber noch im aktiven Bewusstsein befindet, also an das, wobei wir emotional freudig oder aber ärgerlich aufbrausend reagiert haben und das uns immer mal wieder bewegte. An dem Für und Wider waren wir auf jeden Fall Beteiligte – und sind es bis heute noch, weil wir durch unser Denken und Reden Energien produzieren. Wir reagieren und agieren also. Auch dann speichern wir Energien, wenn wir hilfsbereit waren und zum guten Einvernehmen beitrugen. Das Gleiche gilt, wenn wir boshaft und böse waren, vor allem dann, wenn in einer Angelegenheit und Sache unsere Position in Frage gestellt wurde.

Jeder Mensch ist ein Mikrokosmos im Makrokosmos – wir speichern unablässig.

Gehen wir also davon aus, dass keine Energie verloren geht, so ist jede Situation und Angelegenheit, alles Für und Wider in unserem Erdenleben – ob wir uns jeweils noch daran erinnern können oder nicht –

gespeichert. Alles, aber auch alles, was uns betrifft, zeichnet unser Bewusstsein. Daraus entwickelt sich unser Charakter, der uns prägt und unser Denken und Handeln bestimmt. Man fragt sich: Bleiben alle Regungen und Neigungen – wie z.B. der Ärger mit anderen, alle Freuden und Leiden, das Pech und das Glück – bildhaft bei uns? Und wo ist dies alles gespeichert, wenn doch keine Energie verloren geht? Machen wir uns erneut bewusst: Alles ist Energie. Wir denken, denken, reden, reden, wir handeln und handeln – alles, aber auch alles ist Energie. Sie geht von uns aus, geht in uns ein und wird gespeichert. Deshalb das Thema: Der Mikrokosmos im Makrokosmos. Sie und wir alle sind ein Mikrokosmos. Wir speichern unermüdlich uns selbst, in Planetenkonstellationen im materiellen Makrokosmos und darüber hinaus.

Die nachfolgend dargelegten Gesetzmäßigkeiten aus dem kosmischen All-Gesetz – das der unerschöpfliche, unantastbare, von uns Menschen unergründliche, ewig gleichbleibende Geist der Unendlichkeit ist – können wir anhand eines Beispiels aus der modernen Technik plastisch nachvollziehen:

Für viele Menschen ist es zur Selbstverständlichkeit geworden, sich in ihrem Automobil von einem Navigationssystem leiten zu lassen. Durch die Eingabe eines beliebigen Zieles vertrauen sie darauf, von dem Navigationssystem auf sicherem Weg an ihr Ziel geleitet zu werden. Beim Einschalten des Navigationssystems wird das Ziel definiert, und über die Antennen des Fahrzeuges tritt das System in Kommunikation mit den entsprechenden Satelliten, die jederzeit über die Koordinaten den Standort des Fahrzeugs und alle seine Bewegungen registrieren und fortlaufend begleiten. Sie richten sich mit jeder Bewegung darauf ein, die neuen Daten zu speichern und auszuwerten, um aktualisierte Wegdaten auf Grund der vorgegebenen Programmierungen vorzuschlagen. Diese werden dem Fahrer zur Verfügung gestellt; nach diesen orientiert er sich und entscheidet über seinen künftigen Weg, über Tempo, Pausen, Umwege und vieles mehr. Einerlei, wohin er steuert, einerlei, welchen Weg er letztlich einschlägt und in welchem Tempo er den Weg zurücklegt – das Navigationssystem begleitet ihn und aktualisiert jederzeit unmittelbar den genauen Standort, die Höhenmeter, die Bewegungsrichtung und das Tempo des Fahrzeuges. Dieses vollständige

Kommunikationsnetz bildet die gesamte Wegstrecke in allen Details vom Start bis zum Ziel ab. Jeden Augenblick ist die Kommunikation zwischen dem Fahrzeug und den Satelliten gegeben.

Das, was noch vor wenigen Jahrzehnten kaum einem Menschen vorstellbar war, ist heute für viele schon zur alltäglichen Selbstverständlichkeit geworden. Das Navigationssystem mit seinen komplexen technischen Abläufen von Senden und Empfangen, Speichern und Koordinieren ist zwar nur ein grobes Abbild dessen, was zwischen dem Mikrokosmos Mensch und dem grobstofflichen Makrokosmos ununterbrochen geschieht. Aber es zeigt auf, wie präzise das Senden und Empfangen, das Speichern und Abrufen sogar mit technischen Mitteln möglich ist.

Auch ist es für die moderne Menschheit ganz selbstverständlich geworden, dass die Satelliten von jedem Winkel der Erde detaillierte Abbildungen erstellen, in denen alles verzeichnet ist: Wälder, Felder, Flussläufe, Bergketten, Seen und Meere, aber auch Städte und Dörfer. Alles, aber auch alles, wird minutiös erfasst und in gigantischen Dateien gespeichert. Jede Veränderung wird dokumentiert; welche Frucht ein Feld trägt, welche Straßen sich verändern, wie die Natur sich wandelt, wie die Gletscher schmelzen und, und, und – alles wird erfasst und fortlaufend gespeichert. So erstaunlich all diese technischen Errungenschaften für uns Menschen auch sind, im Verhältnis zu den Speicherkapazitäten und der Präzision des Makrokosmos ist das alles nur unvollkommenste, gröbste Technik. Um wieviel feiner wird jede Bewegung eines jeden Menschen und jede Facette seiner Empfindungen, Gefühle, Gedanken, Worte und Handlungen vom Makrokosmos begleitet und registriert! Dort wird jede, aber auch jede noch so feine, Veränderung wahrgenommen und entsprechend aktualisiert.

Kehren wir zurück zu weiteren Darlegungen der universalen kosmischen Gesetzmäßigkeiten.
Betrachten wir in einer sternklaren Nacht den Himmel in der Frage: Was geht wohl da oben vor sich? Lassen wir einen Tropfen himmlischer Erkenntnis unser Gemüt bewegen. Der Tropfen himmlischer Weisheit heißt: Sie, jeder Einzelne von uns, ist ein ganz und gar individueller, spezieller Mikrokosmos in diesem materiellen Makrokosmos und darüber hinaus in einem feinerstofflichen Makrokosmos, worüber wir noch Weiteres erfahren werden.

Vergegenwärtigen wir uns, dass jeder von uns ein ganz eigentümlicher, spezifischer Mikrokosmos ist, der mit dem sichtbaren Makrokosmos, dem grobstofflichen Kosmos, in Verbindung, in Kommunikation und Führung steht und außerdem mit unsichtbaren Kosmen.

Die Naturwissenschaften gehen gewöhnlich davon aus, dass sämtliche Empfindungen, Gedanken und Gefühle im Gehirn gespeichert sind. Würde der Mensch sterben und somit sein Hirn die Tätigkeit aufgeben, wäre demnach auch all seine Energie, die er bisher gespeichert hat, ausgelöscht. Da aber keine Energie verloren geht, muss sich die Energie nach dem Hinscheiden des physischen Körpers irgendwo zuordnen. Alle Inhalte des menschlichen Empfindens, Fühlens, Denkens, Sprechens und Handelns sind energetisch in der Seele gespeichert. Jeder Mensch hat einen feinerstofflichen Körper, die Seele, die man auch als Astral- oder Ätherkörper bezeichnen könnte. Nachdem keine Energie verloren geht, lebt unsere Seele nach unserem Leibestod weiter, und zwar in den Planetenkonstellationen eines feineren Makrokosmos. Was wir in unserem Zellenstaat und somit auch in unserem Gehirn gespeichert haben, ist auch die Gravur unseres feinerstofflichen Körpers, der Seele. Die Seelengravur bestimmt jeder Mensch selbst durch die Fülle seiner Eingaben in seinem Erdenleben.

Zur Wiederholung: Jegliche Entscheidungen, jegliche Situationen, alle Gedanken, Gefühle, Worte, Handlungen bestimmen unseren Erdengang. Ob wir für oder gegen das kosmische All-Gesetz sind – wir speichern im Mikrokosmos, also in uns selbst, in unserem Gehirn und in den Organen unseres physischen Leibes und gleichzeitig in unserer Seele. Das ist dann die sogenannte Seelengravur. Das bedeutet: Jeder Bruchteil einer Sekunde unseres Erdenlebens wird energetisch mit seinen Inhalten gespeichert.

Jesus, der Christus, hat uns Menschen folgende Aussage offenbart:
„Kauft man nicht zwei Sperlinge um einen Pfennig? Dennoch fällt keiner von ihnen auf die Erde ohne den Willen des Allerhöchsten. Wahrlich, selbst die Haare auf eurem Haupte sind alle gezählt. So fürchtet euch deshalb nicht. Wenn Gott für die Sperlinge sorgt, sollte Er da nicht auch für euch sorgen?"
Um wieviel mehr sind dann unsere Gefühle, Gedanken, Worte und Handlungen gezählt – letzten Endes

auch all das, was wir hinter dem verbergen, was wir nur vorgeben –, wenn schon jedes Haar auf unserem Kopf gezählt ist und jeder Sperling, der zur Erde fällt?

Wer oder was zählt dies? Oftmals sind es gebündelte Energien, Sternenhaufen, die Kollektivfelder gleicher und ähnlicher Schwingungsgrade sind und die das zu uns Menschen Gehörende zählen, wie z.B. die Haare auf unserem Haupt, und den Sperling, der zur Erde fällt. Alles ist aktive Energie, die nicht verloren geht. Nichts verschwindet spurlos von der Bildfläche des Lebens. Alles wird begleitet, gewogen, gemessen, gezählt und festgehalten.

Es zählen die Gestirne des materiellen Makrokosmos und des unsichtbaren Makrokosmos. Sie zählen und speichern einzig das, was jeder einzelne Mensch in seine Gefühle, Empfindungen, Gedanken, Worte und Handlungen an Inhalten hineinlegt, also auch das, was wir mit unseren Verhaltensweisen verbergen und vor anderen nicht preisgeben wollen; all das, was sozusagen hinter unserer vorgehaltenen Hand abläuft. Alle diese Vorgänge werden in einer exakten Buchhaltung Gottes mit Soll und Haben erfasst, wovon noch die Rede sein wird.

*Die feinerstofflichen Reinigungsbereiche
sind Aufenthaltsorte der Seelen.
Im Jenseits trägt die Seele ihre „Seelenkleider".*

Sämtliche persönlichen Verhaltensweisen, sämtliche Daten und alles, was für uns Menschen wichtig erscheint, ist Energie und steht in Verbindung mit Planetenkonstellationen im materiellen Makrokosmos und im unsichtbaren Makrokosmos. Sämtliche Gestirne des materiellen Kosmos und des für uns unsichtbaren, des feinerstofflichen Makrokosmos sind Speicherplaneten. Sie speichern in ihren unzähligen Planetenkonstellationen das Für und Wider jedes einzelnen Menschen.
Der materielle Kosmos ist vorwiegend das Speichersystem für des Menschen Verhalten, für seine individuelle Prägung, also sein Erscheinungsbild, und seine Art und Weise zu leben. Bei schwerwiegenden Faktoen im Charakterbild des Menschen, die durch dessen Für und Wider im Alltag das menschliche Erscheinungsbild prägen, baut er im Makrokosmos erdnahe Energieformationen auf, sogenannte Matrizen für eine eventuelle weitere Einverleibung, also für eine Wiederverkörperung.

Der feinerstoffliche Makrokosmos beinhaltet unzählige Planetenkonstellationen, Reinigungsbereiche für Seelen. Je nach Gravur einer Seele, je nach dem Fehlverhalten ihres ehemaligen Menschen gegen das kosmische Gesetz der Freiheit und Einheit, sind sie jeweils die Aufenthaltsorte der Seele.
Alle diese Speicherungen im Menschen und in dessen Seele bilden die Gravur, die spätestens nach dem Hinscheiden des Menschen, also nach dem Leibestod, in den entsprechenden Aufenthaltsorten der Seele, in feineren Planetenkonstellationen, zum Tragen kommt.

Wie schon gesagt, ist die Seele ein feinerstoffliches Gebilde, ein feinerstofflicher Leib, der von energetischen Hüllen umgeben ist, die gemäß der Gravur der Seele deren Belastungen in unterschiedlichen Farbschattierungen widerspiegeln. Viele Menschen wissen um die sogenannte Aura, auch Korona genannt, ein Fluidum, das den Menschen umgibt. Entsprechend den Verhaltensweisen des Menschen wechselt die Aura jeden Augenblick die Farben und die Bewegungen. Entweder ist sie sprühend oder ausgleichend, je nach den Inhalten der Gefühle, Gedanken, Worte und Handlungen des Menschen. Es ist eine ständige Bewegung von Farbschattierungen, die vom Menschen ausgehen und letzten Endes zu der Seele gehören.

Was während der Inkarnation als Aura in Erscheinung tritt, wird bei der entkörperten Seele als die Seelenkleider bezeichnet. Die Kleider der Seele werden also nicht von einem Designer entworfen und nicht von einem Schneider oder von einer Schneiderin genäht. Die gegenwärtig vorherrschende Ausstrahlung ihrer Hüllen, die ihre Belastungen widerspiegeln, zeigt sich in ihrem „Kleid", in den Farbnuancen ihres Fluidums. Auf dem Wanderweg der Seele kommt eine energetische Hülle, ein Seelenkleid nach dem anderen zum Tragen. Dieses Seelenkleid signalisiert der Seele, was momentan an gegensätzlichen Aspekten zu erkennen und bereinigend zu überwinden ist.

Im Verlauf der Bereinigung, gleich Tilgung der Schuld, also der Aufarbeitung dessen, was der Mensch seiner Seele aufgelastet hat, wandeln sich die energetischen Hüllen, die sogenannten Seelenkleider. Strebt eine Seele mehr dem Licht zu, werden die Seelenkleider feiner und lichter. Hat die Seele die erkannte Schuld getilgt, dann geht die Energie dieser Hüllenstrahlung in die entsprechende Planetenkonstellation des feineren Makrokosmos ein. Der lichter gewordene Seelenleib hat mit der Umwandlung des an ihm einst haftenden Negativen das, was diesbezüglich war, bereinigt. Die niedrigschwingenden Energieformationen wurden mit der jeder Seele innewohnenden Kraft des kosmischen Geistes umgewandelt und, wie gesagt, dem feineren Makrokosmos zugeführt. In dem Augenblick der Umwandlung der Schuld in positive Kraft beginnt das Vergessen all dessen, was der Seele bisher noch anhaftete.

Die Seele strahlt nun eine feinere, lichtere Hülle aus und wandert zu höheren, lichteren Planeten, wo sie noch weitere Speicherungen in ihrem Seelenleib erkennen und tilgen kann. Auf ihrer Wanderschaft zu immer feineren Lichtenergien wird sie von höheren Wesen begleitet und beraten. All das, was der lichter gewordenen Seele noch an Negativem anhaftet, gilt es zu erkennen und zu beheben.

Nach jeder Phase der Bereinigung, gleich Tilgung der Schuld, werden diese Energien vom mächtigen ewigen Geist umgewandelt in jene Energie, die der jeweiligen Planetenkonstellation eigen ist, die momentan der Struktur der Seele entspricht. Was dort an Allzumenschlichem war, ist abgelegt, überwunden und somit vergessen. Die Seele geht Schritt für Schritt weiter den Weg des Vergessens, bis ihr Seelenleib wieder die Ausstrahlung ihres ursprünglichen, wahren Wesens angenommen hat. Die Seele ist dann nicht mehr Seele. Sie ist reines Wesen, das Geistwesen, heimgekehrt ins Vaterhaus, zurückgekehrt in die ewige Heimat, in das Reich Gottes zu ihrer urewigen Wurzel, zu unserem urewigen göttlichen Erbe.

„Ich bin ein Gast auf Erden."

Ein Gedicht von Paul Gerhardt skizziert anschaulich, wie die Inhalte und Abläufe des Erdenlebens eines Menschen aussehen können, der sich seiner Wanderschaft hin zu Gott, der ewigen Ur-Intelligenz, zu seinem himmlischen Vater, bewusst ist.

> Ich bin ein Gast auf Erden
> und hab' hier keinen Stand;
> der Himmel soll mir werden,
> da ist mein Vaterland.
> Hier reis' ich bis zum Grabe;
> dort in der ew'gen Ruh
> ist Gottes Gnadengabe,
> die schließt all Arbeit zu.

Was ist mein ganzes Wesen
von meiner Jugend an
als Müh' und Not gewesen?
Solang' ich denken kann,
hab' ich so manchen Morgen,
so manche liebe Nacht
mit Kummer und mit Sorgen
des Herzens zugebracht. ...

So will ich zwar nun treiben
mein Leben durch die Welt,
doch denk' ich nicht zu bleiben
in diesem fremden Zelt.
Ich wand're meine Straße,
die zu der Heimat führt,
da mich ohn' alle Maße
mein Vater trösten wird.

Mein' Heimat ist dort droben,
da aller Engel Schar
den großen Herrscher loben,
der alles ganz und gar
in seinen Händen träget
und für und für erhält,

auch alles hebt und leget,
wie es ihm wohlgefällt.

Zu dem steht mein Verlangen,
da wollt' ich gerne hin;
die Welt bin ich durchgangen,
dass ich's fast müde bin.
Je länger ich hier walle,
je wen'ger find' ich Freud,
die meinem Geist gefalle;
das meist' ist Herzeleid.

Die Herberg' ist zu böse,
der Trübsal ist zu viel.
Ach komm, mein Gott, und löse
mein Herz, wenn dein Herz will;
komm, mach ein selig's Ende
an meiner Wanderschaft,
und was mich kränkt, das wende
durch deinen Arm und Kraft.

Wo ich bisher gesessen,
ist nicht mein rechtes Haus.
Wenn mein Ziel ausgemessen,

so tret' ich dann hinaus;
und was ich hier gebrauchet,
das leg' ich alles ab,
und wenn ich ausgehauchet,
so scharrt man mich ins Grab.

Du aber, meine Freude,
du meines Lebens Licht,
du ziehst mich, wenn ich scheide,
hin vor dein Angesicht
ins Haus der ew'gen Wonne,
da ich stets freudenvoll
gleich wie die helle Sonne
mit andern leuchten soll.

Da will ich immer wohnen –
und nicht nur als ein Gast –
bei denen, die mit Kronen
du ausgeschmücket hast;
da will ich herrlich singen
von deinem großen Tun
und frei von schnöden Dingen
in meinem Erbteil ruh'n.

(Paul Gerhardt, 1607-1676)

Im universalen Sein, im ewigen Vaterhaus, angekommen, ist dem göttlichen Wesen nichts fremd. Das Geistwesen ist wieder unter seinen Brüdern und Schwestern im ewigen Vaterhaus. Was einst war, die allzumenschlichen Turbulenzen, sind nicht nur abgelegt, sondern vergessen. Es ist, als wäre dieser Sohn, diese Tochter Gottes nie fern gewesen.
Im Reich Gottes gibt es keine Zeit, kein Gestern, kein Heute, kein Morgen und somit auch keine Vergänglichkeit. Alles ist reinste, klarste, feinste Energie, Einheit – das Sein.
Wie sagte Jesus von Nazareth: *„Im Haus Meines Vaters gibt es viele Wohnungen. Wenn es nicht so wäre, hätte Ich euch dann gesagt: »Ich gehe, um einen Platz für euch vorzubereiten.«?"*

*Die Buchhaltung Gottes –
alle Details werden registriert,
alle Veränderungen aktualisiert.*

Kehren wir wieder zurück zur wandernden Seele. In beiden Kosmen – sowohl im materiellen Kosmos als auch im feinerstofflichen Kosmos – werden sämtliche Verhaltensweisen des Menschen registriert, aber auch jede Veränderung wird aktualisiert und energetisch neu angepasst, entsprechend dem Verhalten des Einzelnen. Das gesamte Menschen- und Seelenbild, also alle Details, werden aufgezeichnet nach dem absolut gerechten Prinzip „Senden und Empfangen". Und das geschieht in jedem Augenblick, denn die Registratur ist gerecht. Diese Speicherquellen nennt man, wie bereits angedeutet, unter anderem auch die Buchhaltung der Kosmen oder die Buchhaltung Gottes.
Machen wir uns noch einmal bewusst: Der materielle Makrokosmos registriert vorwiegend die Abläufe des Menschen in den drei Dimensionen, das also, was der Mensch in der dreidimensionalen Welt für sein Erdendasein benötigt, was den menschlichen Bedürfnissen entspricht, somit alles, was zum Menschenbild

in der materiellen Welt gehört. Die Programme für das Dasein im menschlichen Leben sind während der Inkarnation der Seele gleichsam die notwendige „Betriebsausrüstung": Alles also, was wir jeden Tag ganz selbstverständlich ausführen, weil es nun mal so ist, wie es ist – z.B. Türen öffnen, Türen schließen, durch geöffnete Türen und Tore gehen, jegliche Normalität wie die Morgentoilette, essen, trinken, Auto fahren, Rad fahren, zur Arbeit gehen, den Haushalt versorgen und, und, und. Hingegen können Bindungen z.B. an Sachwerte, an Güter, an Landschaften, an Städte, Dörfer, Gemeinden, an Orte und dergleichen, aber auch Bindungen an Menschen, zu Magneten werden, denen unsere Seele erneut in ein Erdenleben folgt.

Die Matrize, ein selbstgeschaffener Strahlungskokon für den Weg der Seele zur erneuten Wiedereinverleibung

Solche vielschichtigen Prägungen hinterlassen, je nach dem Lebenswandel des Menschen, eine spezielle Gravur in seiner Seele. Beide Kosmen mit ihren Planetenkonstellationen, der materielle Makrokosmos und der übergeordnete Makrokosmos, sind gewissermaßen energetisch die Wegweiser in jene jenseitigen Sphären, die die Aufenthaltsorte der Seele nach ihrer Entkörperung sein können.

Alles Denken und Handeln, das dem ewigen Prinzip, dem absoluten Gesetz des Alls, der Gleichheit, Freiheit, Einheit, Brüderlichkeit und Gerechtigkeit, nicht zugeordnet werden kann, bildet die Schwere der Seele und eventuell ein Programm zur Wiederverkörperung. Die Belastungen der Seele sind für ihren Menschen Ursachen, Auslöser für Wirkungen, die das Gesetz von Saat und Ernte, das Kausalgesetz, in Kraft treten lassen. Unter anderem sind sämtliche Verhaltensweisen gegen die Naturreiche, gegen Pflanzen und Tiere, der

Missbrauch der Erde samt deren Urhebern registriert, sowohl im materiellen Makrokosmos als auch im feinerstofflichen Makrokosmos.

In der Folge entsteht durch die energetische Ansammlung von geballten Energien ein energetischer, negativer Komplex im Makrokosmos. Dazu gehören z.B. die Verbrechen gegen Menschenleben, das Befürworten und Anstiften von Kriegen, ebenso die Ausbeutung des Erdplaneten und das persönliche Aneignen der Ressourcen der Erde, wodurch die Reichen immer reicher werden, die Armut und der Hunger in dieser Welt hingegen immer mehr um sich greifen. Aus diesen geballten Negativenergien, die Verstöße gegen das Allgesetz des Lebens sind, das Einheit ist, entwickeln sich sogenannte Matrizen. Es sind Zusammenfügungen gleicher und ähnlicher Energien, die jenen Menschen zugeordnet sind, die sich solche Fehlhaltungen zu eigen machten.

Nach dem Leibestod des Menschen und nach einem vorgegebenen kosmischen Ablauf kann eine solche Seele diese Matrize, diesen ihr entsprechenden energetischen, gleichschwingenden Strahlungskokon, benützen, um sich wieder einzuverleiben, das heißt, sich wieder zu verkörpern.

Sicher werden viele sich die Frage stellen: Was ist in einer Matrize gespeichert? Wenn von einer Matrize, einem Strahlungskokon im materiellen Kosmos, die Rede ist, dann bedeutet das: Eine Matrize ist ein energetischer Körper für eine eventuelle neue Inkarnation einer Seele, die heute noch Mensch ist. Der Mensch gibt seiner Seele ihren Werdegang vor, und nach seinem Leibestod kann sie wieder inkarnieren, je nachdem, was der Mensch vorgegeben hat. Die Komponenten, die sich zu einer Matrize zusammenfügen, gehen immer vom derzeitigen Menschen selbst aus. Niedere Verhaltensweisen, die den negativen Inhalten des menschlichen Fühlens, Empfindens, Denkens, Sprechens und Handelns entsprechen, können erdgebundene Energien sein, wie z.B. gravierende Fehlhaltungen gegenüber Mitmenschen und dem Erdplaneten. Daraus kann sich eine Einverleibungsmatrize bilden.

Die Matrize besteht also aus einer energetischen Strahlung. In ihr sind z.B. die Struktur des neuen Menschen und alle Bausteine des neuen Körpers gespeichert. Alle Organe, alle Zellsysteme sind energetisch aufgezeichnet. Sämtliche Organe und Körperzellen, alle Bausteine des Leibes, ob diese im jetzigen Menschen schwach oder kräftig und gesund arbeiten, sind registriert. Die Inhalte der Verhaltensweisen des jeweiligen Menschen sind immer das Zünglein an der Waage. Wenn schon jedes Haar auf unserem Haupt gezählt, also von Bedeutung ist, dann können wir davon ausgehen, dass auch der ganze zukünftige Mensch in einer eventuellen weiteren Einverleibung der Seele auf den Vorgaben des jetzigen Menschen beruht.

Jeder Mensch entscheidet jeden Augenblick selbst, ob seine Seele eine energetisch höhere Lebensqualität aufweist oder sich niederen Schwingungsgraden zuordnet, die wieder zur Erde tendieren. In der ganzen Unendlichkeit gibt es keine Zufälle. Wir, jeder Einzelne, sind also selbst das Zünglein an der Waage. Es ist auch kein Zufall, in welche Familie, in welchen Kreis von Mitmenschen der neue Mensch hineininkarniert. Er bringt das mit, was er in Vorinkarnationen als Mensch eingegeben und bislang nicht behoben hat.

Im Erdenkleid kann der neue Mensch sodann entscheiden, wie er es mit seinem Körper und seiner Seele halten will. Seine geschwächten Organe kann er weiter schwächen; er kann sie aber auch kräftigen und dem Körper Stärke und Wohlbefinden bringen – wiederum durch die Inhalte seines gesamten Verhaltens.

Matrizen sind also energetische Felder, die magnetisch Seelen mit gleichem oder ähnlichem Schwingungsgrad anziehen; eine Matrize wird durch das Verhalten des ehemaligen Menschen geschaffen. Hat der Mensch gravierende Verstöße gegen das Leben begangen, so wird es der Seele auf diesem Weg ermöglicht, über den selbstgeschaffenen energetischen Strahlungskokon des ehemaligen Menschen erneut zu inkarnieren, also wieder als Mensch zu leben.

Das Gleiche gilt auch für Räuber, Mörder, Verbrecher und Kriegstreiber, die ihre Schuld nicht erkannt, somit auch nicht um Vergebung gebeten haben und durch Wiedergutmachung auch keine Vergebung erlangten. Ihre Seelen kommen meist wieder mit demselben Tatendrang. Ohne Vergebung und Wiedergutmachung bleiben die Ursachen bestehen.

Nach dem kosmischen Gesetz zieht Gleiches immer wieder zu Gleichem; jede Art von Energie strebt also wiederum zu Gleichartigem.

Uns sollte vor allem klar werden: Alles, was uns aus unserer Vergangenheit an Fehlhaltungen bewusst ist oder noch in uns schlummert und nicht behoben, also bereinigt wurde, ist gespeichert. Wie schon erwähnt, nennen wir das gerechte Gesetz „die Buchhaltung Gottes, die Buchhaltung der Kosmen".

*Alles wird präzise aufgezeichnet –
deshalb:
Nütze den Augenblick, nütze den Tag!*

Zur Wiederholung: Nichts, aber auch gar nichts geht verloren. Keine Energie kann ausgelöscht werden, weder das Gute noch das weniger Gute, noch das Böse.
Jeder Mensch verändert sich im Laufe seines Erdenlebens, sowohl im Denken und Reden, als auch im Tun; sein ganzes Verhalten ist der energetischen Veränderung unterworfen. Jeder Wechsel im energetischen Kräftegefüge, der ja auf der Umwandlung von Energien beruht, und sei das Kräftegefälle noch so gering – alles wird in der kosmischen Buchhaltung präzise entweder auf Soll oder auf Haben gebucht. Jeder Mensch und jede Seele hängt sozusagen an einem magnetischen Seil, quasi am Tropf des materiellen Makrokosmos und des feinerstofflichen Kosmos. Der kosmischen Buchhaltung, der Buchhaltung Gottes,

entgeht nicht das Geringste. Die Gestirne des materiellen Kosmos zeichnen energetisch auf, aktualisieren und wandeln Energien um gemäß dem Verhalten jedes einzelnen Menschen.

In allen Kosmen gilt das gleiche Gesetz, auch in Bezug auf unser Verhalten gegenüber der Tier-, Pflanzen- und Mineralwelt, der gesamten Erde: Was der Mensch sät, wird er ernten.

Es geht nichts verloren: Jedes Werden und Vergehen auf der Erde, in und über der Erde findet im materiellen Kosmos seinen Niederschlag. Jede Hilfsbereitschaft, aber ebenso jede Gewalt gegenüber Menschen, Natur und Tieren, gegenüber der gesamten Erde, ist präzise aufgezeichnet und wird jeden Augenblick entsprechend dem Für und Wider der Menschen aktualisiert. Wir sind heute frei. Wie gehen wir mit unserem Nächsten um? Jesus lehrte sinngemäß: Einer trage des anderen Last; helft und dient euch gegenseitig. – Werten wir einen Menschen ab, der schwächer ist als wir, dann gehen auch diese Inhalte unserer Gedanken und unseres Verhaltens in unsere Seele ein. Mit solchen Verhaltensweisen schwächen wir uns selbst. Deshalb sprach Jesus, der Christus: *„Was du willst, dass andere dir tun sollen, das tue du ihnen zuerst."* Anders gesprochen:

„Was du nicht willst, dass man dir tu', das füg' auch keinem anderen zu." – Daran sollten wir uns des öfteren erinnern, ebenso an die Lebensregel: Nütze den Augenblick, nütze den Tag!

In der Unendlichkeit gibt es keinen Stillstand. Alles ist in Bewegung – alles wird geführt und gelenkt.

Alles ist Führung, alles wird gelenkt. In der dreidimensionalen Welt bestehen auf der Erde die vier Jahreszeiten Frühling, Sommer, Herbst und Winter mit ihren unterschiedlichen Erscheinungsformen. Wie werden diese jeweils so gestaltet? – Der materielle Makrokosmos ist der Lenker aller Gegebenheiten und Bewegungen in den drei Dimensionen.
Die Strahlung des materiellen Makrokosmos wirkt über die unermessliche Vielfalt der irdischen Lebensformen hinaus auch auf die Magnetströme der Erde ein. Über die Magnetströme werden Tiere betreut und Pflanzenarten angeregt. Denken wir an die Fische, die Wanderung der Wale, auch die Wanderung der Aale – woher wissen die Tiere, dass sie zu welchem

Zeitpunkt an welchem Ort sein sollen, um sich fortzupflanzen? Die Meeresschildkröten kehren ebenfalls immer wieder an den Strand zurück, an dem sie geboren wurden. Auch von den Brieftauben ist bekannt, dass sie Sinnesorgane haben, deren Funktion auf Magnetismus beruht. Woran können sich die Zugvögel orientieren, wenn nicht am Erdmagnetfeld? Es gäbe noch viele, viele Beispiele mehr. Wir können hier nur einiges andeuten, um bewusst zu machen, dass wir eine Fülle von Gegebenheiten in der Natur kennen, wo Magnetismus die Verhaltensweisen von Lebewesen lenkt.

Die heimischen Tiere wechseln auch ihr Fell – wer bestimmt und regelt das? Zu jeder Jahreszeit wirkt also der materielle Kosmos mannigfach als das Zünglein an der Waage.

Zu unserem Verständnis: Die gesamte Erde mit ihren Bodenschätzen, mit den Naturreichen, mit den unzähligen Lebensarten der Tiere ist in der Einheit mit ihrem Schöpfer und kann sich nicht belasten. Es ist also nur der Mensch, der gegen das All-Gesetz der Einheit verstößt, nicht die Tier- und Pflanzenwelt, nicht die Mutter Erde mit all ihren Lebensformen und Ressourcen.

Gott, die unermessliche All-Kraft, das Leben, ist der geniale „Regisseur" in allen und in allem – im Kleinsten wie im Größten. So werden die Tiere, die Pflanzen, die Mineralien, alle einzelnen Lebewesen bis hin zu den Mikroben, sowie alle Farben, Formen und Düfte der Natur in ihrer jeweiligen Bewusstseinsbestimmung – die vom ewigen Schöpfer des Seins ausgeht – vom materiellen Makrokosmos gelenkt und geführt.

Nirgendwo in der ganzen Unendlichkeit gibt es einen Stillstand; alles, aber auch alles – jeder Planet, alle Kräfte des Seins –, ist unaufhaltsam in Bewegung.

Alles, was wir Menschen in unserer Einfalt, in unserer Engstirnigkeit, unserer Unbesonnenheit und Ichbezogenheit, in Unordnung bringen, was wir gegen die kosmische Harmonie, gleich Einheit, veranlassen und tun, ist im Makrokosmos aufgezeichnet und nicht zuletzt im feinerstofflichen Kosmos als Fehlverhalten registriert – wir Menschen nennen es auch Sünde. Nur der Mensch richtet auf der Erde Unheil und Chaos an.

Alles ist Energie. Und weil keine Energie verloren geht, ist sie gerecht und unzerstörbar aufgezeichnet, wird jeden Augenblick aktualisiert und ist daher in beständiger Bewegung.

Dem kommunikativen Verlauf der kosmischen Buchhaltung, dem Soll und Haben, können wir Menschen uns nicht ohne weiteres entziehen, ausschließlich durch Umdenken und Wiedergutmachung.

Verstöße gegen das kosmische Leben – und die Folgen daraus

Was ist ein Verstoß gegen das kosmische Leben? Zum Beispiel das mutwillige Töten von Tieren, das Quälen der Tiere, sie in Ghettos als Schlachttiere zu halten, die Leichenteile der Tiere zu verzehren und, und, und ist gegen das kosmische Leben, gegen den Geist der Schöpfung.

Alles, aber auch alles, was wir Menschen dem Planeten Erde zufügen – wie z.B. das Abholzen von Wäldern, das Zermahlen von Steinen, das Umlenken von Wasserströmen, das Errichten von Staudämmen, das Bauen von Wolkenkratzern, Atomkraftwerken und weiteren Gebäuden –, das registrieren, detailliert und jeweils auf den einzelnen Menschen bezogen, die Makrokosmen.

Jede Mitschuld muss erkannt und bereinigt werden. Da hilft kein Wenn und Aber. Es gibt kein Ausweichen. Der Weg der Bereinigung ist der Weg, den uns Jesus gelehrt hat: Bereue, bereinige, mache gut, was noch gutzumachen ist, und tue Gleiches und Ähnliches nicht mehr. Dieser Weg muss eben gründlich und verantwortungsbewusst, ohne Einschränkungen beschritten werden; das ist dann auch der Weg der Seele, der Weg des Vergessens.

Gott gängelt und zwingt uns nicht. Sein heiliges Gesetz ist Liebe und Freiheit. Wir Menschen tragen in uns eine kosmische Seele, die frei ist. Wir Menschen haben den Verstand, um zu wägen und zu messen. Wir sind also im Geiste Gottes freie Wesen, verantwortlich für unser Tun und Lassen.

Wie oft der Mensch gegen das Leben verstößt, was jeweils sein Beweggrund und seine Motivation ist und, und, und – alles, aber auch alles, hat seine gerechte und entsprechende Gravur, sowohl in der Seele als auch im physischen Körper. Die Registratur in beiden Makrokosmen ist, wie gesagt, präzise und gerecht. Die kosmische Buchhaltung zeichnet unter anderem unsere Gelüste, unsere Aggressionen, jedoch ebenso jede Hilfsbereitschaft, jegliches positive Wirken auf; alle Details sind Energie und werden festgehalten. Nichts ist ohne Bedeutung, auch jede Kleinigkeit, von der wir sprechen, und sei sie noch so gering, ist aufgezeichnet, also gespeichert. Jedem Menschen und jeder Seele widerfährt absolute Gerechtigkeit durch die exakten buchhalterischen Kosmen.

Wie gesagt: Alle Kräfte, sämtliche Energien, sind in ständiger Bewegung. In allem ist das All-Bewusstsein, die ewige Intelligenz, Gott, das Leben, die Bewegung, also die Registratur, die sich im Für und Wider unablässig verändert.

In den Galaxien, in sogenannten Milchstraßen, befinden sich Sternenhaufen. Viele dieser Sternenhaufen sind kosmische magnetische Felder, die unter anderem durch Gruppenkarma gebildet wurden und werden. Sie sind gleichschwingende Energieverbindungen von bestimmten Menschentypen, die z.B. gemeinsam Kriege befürworten, Kriegsausrüstungen herstellen und Kriege ausführen lassen; von jenen, die ihre Mitmenschen töten lassen; die Menschen zu Knechtschaft und Prostitution zwingen; die dem Hunger in der Welt nicht entgegentreten, trotz der Möglichkeiten, zu helfen. In diesen kosmischen magnetischen Feldern sind auch die Belastungen von Menschen gespeichert, die Reichtümer aufhäufen, obwohl andere Menschen unter Not und Krankheit leiden; Belastungen von den Menschen, die mutwillig Tiere töten oder die Ausübung von Tierversuchen befürworten und ausführen; die die Erde ausbeuten, die Bäume im Saft schlagen, gewaltsam Pflanzenarten zerstören und vieles mehr.

All diese karmischen Vergehen bilden, als Ganzes gesehen, ein Gruppenkarma. Menschen dieser Gattung sind, je nach Beteiligung, sogar an das Weltkarma gebunden. Die einzelnen energetischen Zusammenhänge der Belastungen eines jeden einzelnen Menschen, der den kosmischen magnetischen Feldern, einem Gruppenkarma oder Weltkarma, zugehörig ist, sind in allen Details ebenfalls in seiner Seele aufgezeichnet. Auch die negativen Speicherungen in jeder Seele sind beständig in Bewegung. Das Für und Wider in jedem Augenblick des menschlichen Lebens wird präzise gewogen, gemessen und entsprechend dem Energievolumen aktualisiert. Über die Seele hinaus ist das gegensätzliche Gesamtverhalten, alle Einzelheiten, in den entsprechenden feinerstofflichen Planetenkonstellationen registriert, wo die Abtragung der Seele stattfindet oder von wo aus die Wiederverkörperung über den materiellen Kosmos über eine Matrize, gleich Kokon, erfolgt.

Jeder Mensch, jede Seele hat den freien Willen. Jeder Einzelne geht seinen eigenen, individuellen Weg.

Jeder Mensch und jede Seele ist also ein Mikrokosmos im All-Makrokosmos. Die Wege des Menschen und auch die Wege einer jeden Seele sind grundverschieden von denen anderer, weil jeder Mensch jeden Tag sich selbst und seine Seele im persönlichen Für und Wider programmiert. Deshalb geht jeder Mensch seinen Weg über Höhen und durch Täler seines Erdendaseins, und seine Seele mit ihm. Später, nach dem Ablegen ihrer physischen Hülle, nach dem Leibestod also, wandert die Seele weiter zu den ihr entsprechenden Planetenkonstellationen im materiellen Makrokosmos, dann zum feinerstofflichen Kosmos, bis sie schließlich heim, hin zum Reich Gottes, dem absoluten, feinstofflichen Makrokosmos, gelangt. Es ist unter Um-

ständen ein langer kosmischer Wanderweg. Es ist der Seele auch möglich, ihren direkten Wanderweg von sich aus zu unterbrechen, um wieder zu einer Einverleibung zu gehen, zu einer neuen Menschwerdung.
Jeder Mensch, jede Seele hat den freien Willen. Infolgedessen bestimmt jeder Mensch seinen Werdegang selbst, gemäß seinen Verhaltensweisen für oder gegen das ewige kosmische All-Gesetz, das das Leben ist und damit auch der Werdegang seiner Seele. Alle Details, die gegen das kosmische Gesetz, gegen das Leben, gerichtet sind, belasten die Seele des Einzelnen, aber auch seinen physischen Leib. Je nach Intensität der Belastungen entwickeln sich daraus Schicksalsschläge, Nöte und Krankheiten.

Doch über allem steht die Barmherzigkeit Gottes. Sie heißt: Nütze den Augenblick; nütze den Tag, und erkenne deine Verhaltensweisen! Bereue und bereinige sie, mache gut, was noch möglich ist, und tue Gleiches und Ähnliches nicht mehr. – Das gilt für die Inhalte aller unserer Gefühle, Gedanken, Worte und Handlungen, alle schädigenden Wünsche wie Süchte, Ausbeutung, Vergewaltigung, Ausnutzen-Wollen des anderen mit einbezogen.

Wie eingangs schon zitiert, lehrte Jesus von Nazareth bereits: *„Schließ' ohne Zögern Frieden mit deinem Gegner, solange du mit ihm noch auf dem Weg zum Gericht bist. Sonst wird dich dein Gegner vor den Richter bringen, und der Richter wird dich dem Gerichtsdiener übergeben, und du wirst ins Gefängnis geworfen."*

Die Umwandlung des Negativen, Schweren in positive, leichte und kraftvolle Energien

Wir wissen inzwischen: Alles ist Energie. Energie ist beständig in Bewegung und in der Umwandlung begriffen. Lernen wir Menschen aus unseren Fehlhaltungen, und sind wir bestrebt, das kosmische All-Gesetz, das All-Bewusstsein, den Geist der Liebe, der Einheit, der Freiheit und des Friedens anzunehmen und uns diesbezüglich zu beobachten, um wirklich die Schritte in das kosmische Leben zu tun, dann vollzieht sich in unserer Seele und in uns, dem Menschen, Folgendes: Das Negative, das Schwere, die Bürde negativer, herabziehender Energien, wandelt sich allmählich um in positive, leichte und kraftvolle Energien. Wir werden freudiger, glücklicher und, wenn es der Seele zur Reife gereicht, gesünder. Da jeder Mensch der Mikrokosmos in den beiden Makrokosmen ist, vollzieht sich sowohl im Menschen als auch in der Seele dasselbe.

Auf diesem Weg der Umwandlung der Energie wird also die Seele des Menschen lichter, sein physischer Körper schwingungsmäßig leichter. Das Erdenleben eines solchen Menschen wird ausgewogener; der Mensch wird verständnisvoller, zugänglicher und einsichtiger. Im großen Ganzen heißt das: Der Mensch ist auf der Wellenlänge positiven Lebens.

Das Gegensätzliche,
an dem viele Menschen beteiligt sind,
bildet ein Gruppenkarma.

Noch einmal sei gesagt: Das gesamte Verhalten jedes Menschen – die Inhalte seines Denkens und Handelns, jegliches Für und Wider, alle Details für oder gegen seine Mitmenschen und die Naturreiche –, alles ist registriert. Alles Tun und Lassen, unter anderem das inhaltsschwere Grundübel, das Gegensätzliche, das sich energetisch mit dem von Menschen gleicher Gesinnung und hinsichtlich der Gewichtung deckt, bildet ein Gruppenkarma oder bindet sich an ein schon bestehendes gleichartiges Gruppenkarma, oder es geht, je nach Intensität der Schuld, in das Weltkarma ein. Alles, aber auch alles, zeichnet der materielle Makrokosmos auf und gleichzeitig, detailliert für jede Seele, der feinerstoffliche Kosmos, Planetenkonstellationen, denen sich die Seele, je nach den Eingaben ihres Menschen, energetisch zuordnet.

Zum weiteren Nachdenken hier ein Beispiel, das für viele Menschen bedeutungslos scheint, aber sehr wohl eine Wirkung aufzeigt: Wer Bäume im Saft schlägt für Schmuck, für traditionelle Anlässe, kann sicher sein, dass er in solchen karmischen Feldern in Gruppenkarmen des Makrokosmos und auch im feinerstofflichen Kosmos registriert ist. Die Gewichtung ergibt sich daraus, wie oft und mit welcher Intensität jeder Einzelne sich am Leben vergeht.

Viele Menschen leben in den Tag hinein, ohne sich zu fragen: „Was löse ich mit meinem Verhalten aus?" Die Masse der Menschen bindet sich, ohne viel nachzudenken, an Traditionen. In der Registratur der Makrokosmen gehört der immer wiederkehrende traditionelle Raubbau an der Natur einem entsprechenden Gruppenkarma an, oder schon dem Weltkarma.

Die wenigsten Menschen wissen, dass dann, wenn sie einen Baum oder gar Bäume im Saft schlagen, also abholzen, die gleichen Lebensformen, die gleichen Baumarten, das Leid ihrer Art miterleben, und das auf der ganzen Erde. Dasselbe gilt für die Tierwelt. Das Quälen und mutwillige Töten der Tiere, das Hinmetzeln ihrer Leiber wird im Einzelnen auf der ganzen Erde von denselben Tiergattungen leidvoll wahrgenommen. Das ganze Ausmaß registrieren detailliert die Makrokosmen.

Das Gleiche gilt, wenn Tiere gepflegt werden, wenn Menschen Tiere lieben, wenn Menschen für Tiere sorgen, bis zu ihrem natürlichen Tod – alles ist in beiden Makrokosmen registriert. Auch wer die Natur achtet, wer sie schützt, wer das Leben in der Natur sieht und beachtet, wer die Natur pflegt, wird in beiden Makrokosmen präzise aufgezeichnet.

*Der feinerstoffliche und
der grobstoffliche Makrokosmos – ihre Aufgabe
im kosmischen Geschehen*

Gott ist Geist. Zum besseren Verständnis eine Erläuterung, wenn es um das Wort „Gott" geht, das von vielen dem traditionellen abendländischen Kulturkreis zugesprochen wird: Der Geist der Unendlichkeit ist das kosmische All-Bewusstsein. Wir Menschen nennen das kosmische All-Bewusstsein, je nach Kulturkreis, entweder absolute Intelligenz, Allah, Jehova oder das Sein; im Abendland wird, wie gesagt, der All-Geist, der Geist der Unendlichkeit, Gott genannt. Es ist immer derselbe Geist, dieselbe universale, allmächtige und höchstschwingende Kraft der Unendlichkeit, das All-Bewusstsein. Der Geist der Unendlichkeit, das All-Bewusstsein, der in allem das Leben ist, ist Einheit. Das All-Bewusstsein, der unendliche Geist, der Einheit ist, besteht aus unzähligen Bewusstseinsfacetten.
Die zwei Makrokosmen – der materielle Makrokosmos, in dem vorwiegend die dreidimensionale Welt aufgezeichnet ist, und der feinerstoffliche Makrokosmos, in dem die entkörperten Seelen gemäß ihrem Bewusst-

seinsstand leben – sind nur Fallbereiche, die nach einem zeitbedingten Ablauf vom ewigen All-Bewusstsein eingeatmet werden. In diesem Prozess werden sie zu feinstofflichen Energien umgewandelt und wieder dem ewig bestehenden Reich Gottes, dem absoluten Makrokosmos, eingegliedert. Aus dem Reich Gottes wurden den von Gott abtrünnigen göttlichen Wesen feinstoffliche Teilplaneten mitgegeben, die sich in unvorstellbaren Zeiten zum feinerstofflichen Makrokosmos und zum grobstofflichen Makrokosmos herausgebildet haben, damit die abtrünnigen Wesen eine bedingte Bleibe hatten. Die beiden Makrokosmen – der feinerstoffliche und der grobstoffliche – sind also nur zeitbedingt.

Der materielle Kosmos ist die Registratur der dreidimensionalen Welt – einer Welt, die sich Fallwesen und Menschen durch die Abkehr von Gott geschaffen haben. Im materiellen Makrokosmos befinden sich, wie gesagt, die sogenannten Matrizen, energetische Kokons zur eventuellen erneuten Einverleibung einer Seele, damit diese als Mensch in der dreidimensionalen Welt wieder die ihr entsprechenden irdischen Lebensbedingungen vorfindet. Dieser Wechsel von Kommen und Gehen liegt im freien Willen des Menschen.

Das allumfassende Wirken des ewigen Geistes, des kosmischen All-Bewusstseins

Das kosmische All-Bewusstsein ist der Geist der Einheit. Er wirkt, wie gesagt, nicht nur in allen Pflanzenarten, in jedem Tier, in den kleinsten, unscheinbarsten Lebewesen, z.B. in den Mikroben – überall ist der All-Geist, das All-Bewusstsein, gegenwärtig. Zum All-Bewusstsein gehören ebenso die Substanzen sämtlicher Mineralien. Alles, aber auch alles, beinhaltet das unendliche, immerwährende Leben, das das All-Bewusstsein ist, in dem die beständige Evolution wirkt. Es gibt nichts, was nicht in sich das All-Bewusstsein trägt. Jedes Atom, jedes Molekül, der kleinste Baustein des Alls ist Träger des All-Bewusstseins, Träger des ewig wirkenden Lebens.

Alle Menschen und Seelen gehören zum All-Bewusstsein, dem Leben. Hingegen sind im Reich Gottes alle reinen Wesen komprimiertes All-Bewusstsein; ihr geistiger Leib ist göttlich, aber sie sind nicht Gott selbst. Der Unterschied zwischen „dazugehören", also zum All-Bewusstsein zu *gehören*, und komprimiertes All-Bewusstsein zu *sein*, ist folgender – zur Wiederholung:

Der materielle Kosmos und der feinerstoffliche Kosmos sind beide heruntertransformierte Energie, Absplitterungen vom Reich Gottes. Diese Kosmen sind, wie gesagt, nur zeitbedingt. Sie dienen den Menschen und den Seelen, den vom All-Bewusstsein, von Gott, abgekehrten Wesen. Die Abkehr von Gott nennt man auch Sünde.

Die Naturreiche, sämtliche Mineralien, alle Kräfte der Erde wie Tiere, Pflanzen, Mineralien und, und, und sind unbelastet. Sie wurden den Menschen zur Einsicht, Erkenntnis und zur Umkehr gegeben, damit die Menschen von der Ichsucht zur Einheit finden, die Gott ist, denn alles Leben gehört zur göttlichen Einheit. Der Mensch gehört im Urgrund seiner Seele zu der einen Wurzel, der Einheit in Gott. Der Mensch im Urgrund seiner Seele ist nicht von dieser Welt; sein wahres Wesen kommt aus dem Reich Gottes, dem All-Bewusstsein GOTT, der ewigen Intelligenz, und kehrt irgendwann wieder zurück zu seiner urewigen Wurzel der Liebe, der Einheit, des Friedens und der Freiheit.

Und wenn es für die Seele ein noch so langer Weg ist – sie wird wie alle den Weg der Bereinigung ihrer Schuld und dadurch den Weg des Vergessens gehen, um schließlich als Geistwesen wieder im ewigen Vaterhaus, bei Gott, ihrem Vater, zu sein.

Leider haben die meisten Menschen noch nicht erfasst, dass sie sich und somit ihre Seelen belasten, wenn sie gegen die Einheit, die das Leben in Gott ist, verstoßen, also gegen Menschen, gegen die kosmische Einheit, gegen die Naturreiche, gegen die gesamte Erde. Wer wider das Leben denkt und handelt, der sündigt wider das All-Bewusstsein, das All-Gesetz, den Geist der Freiheit, der Einheit; er verstößt also wider das Leben.

Viele Menschen sind wissenschaftshörig. Viele sind der Ansicht, die Wissenschaft müsste die kosmischen Zusammenhänge kennen. Wie steht es damit? Wissenschaftler forschen und forschen, doch bisher haben sie die All-Intelligenz, das All-Bewusstsein, noch nicht ergründet. Sie sprechen z.B. von sogenannten „schwarzen Löchern" im materiellen Kosmos, wissen, dass „schwarze Löcher" ganze Sonnensysteme anziehen und dass sich darin Energien umwandeln – aber warum und wozu, bleibt offen.

Das All-Bewusstsein ist die schaffende Kraft, ist der Schöpfer, der auch im gesamten Fallbereich unentwegt wirkt und Energien umwandelt, gleich umgestaltet, zum Wohle des ewigen Seins, zu dem die ganze Unendlichkeit gehört. Im Hinblick auf das Gesetz der energetischen Umwandlung wären schwarze Löcher ohne weiteres als kosmische „Sortier-Maschinen" zu bezeichnen, die die Energien von Planetenteilen bis hin zu Sonnensystemen umwandeln und sie den entsprechenden Kosmen zuordnen. Diese Energien gehen sodann entweder erneut in den grobstofflichen Makrokosmos ein oder in den feineren Kosmos, je nachdem, ob sich das Leben auf der Erde weiter ausbreitet oder ob es zurückgeführt werden kann in das urewige Gesetz, in das All-Bewusstsein.

Wenn z.B. viele Tierarten sterben oder gar aussterben und dieselben Arten auf der Erde nicht mehr erscheinen, dann werden Gestirne des materiellen Makrokosmos von den schwarzen Löchern angezogen und in feinere energetische Substanzen umgewandelt. Wir Menschen nennen solche Veränderungen im materiellen Makrokosmos das „Sterben" von Sonnen und Planeten. Von Sterben im negativen Sinn kann jedoch keine Rede sein. Nichts verschwindet so mir-nichts-dir-nichts aus dem großen Spektrum der Lebensformen. Nichts löst sich in Nichts auf. Ein „Nichts" gibt es überhaupt nicht! Es ist ein „Sterben" in folgendem Sinn: In der einen Form vergehen, um in einer anderen, höheren Seinsform zu werden: strahlender, leuchtender, dem geistigen Ursprung sich annähernd.

Die schwarzen Löcher ziehen also magnetisch jene Gestirne an, die der Umwandlung bedürfen, da sich z.B. Tierarten von der Erde zurückziehen.

Ebenso werden gegensätzliche Eingaben von ehemaligen Menschen energetisch umgewandelt, weil sich ihre Seelen höher entwickelt haben auf dem Weg der Bereinigung und des Vergessens. Auch dadurch werden Gestirne umgewandelt und dem höheren Bewusstsein zugeführt.

Der schaffende Geist, das All-Bewusstsein, ist unermüdlich tätig. Er wirkt in dem feinerstofflichen Kosmos, wo sich die Seelen aufhalten; Er wirkt in, auf und über der Erde und im materiellen Makrokosmos. Er ist der Lenker der Kräfte, Er ist der energetische Umwandler in feinerstoffliche Substanzen, in feinstoffliche Kräfte – oder auch erneut in gröbere Substanzen, die Er dann dem materiellen Makrokosmos zuordnet. Dies geschieht unter anderem dann, wenn Seelen inkarnieren oder wenn einzelne Naturgattungen auf der Erde wieder erscheinen, wie z.B. Tier- oder Pflanzenarten.

Die Bewusstwerdung in größeren Sinnzusammenhängen ist vonnöten, deshalb die Wiederholungen. Ob der Mensch auf der Erde Formationen und Traditionen nur befürwortet oder ob er daran beteiligt ist, ob er aus Projekten gegen die Erde mit ihren Lebensformen und Ressourcen Gewinn schlägt und wie viel – alles, aber auch alles, wird gemäß der Aktivität des Einzelnen gewogen, gemessen und registriert.

Liebe Leser, liebe Leserinnen, über die kosmische Buchhaltung, die gerechte Registratur des All-Bewusstseins, könnte noch vieles, unendlich vieles gesagt werden. Selbst wenn sich zum Thema „der Mensch, der Mikrokosmos im Makrokosmos" und zu „die Seele in den Reinigungsebenen" ganze Reihen von Bücherregalen füllen würden über das detaillierte Soll und Haben, über die absolute Gerechtigkeit des All-Bewusstseins – könnte man dennoch nicht alles wiedergeben.

*Der Weg des Vergessens –
der Weg für jede Seele zurück in die
ewige himmlische Heimat*

Vertiefen wir uns weiter in das Thema: „Der Weg des Vergessens". Der Weg des Vergessens ist der Weg zu dem immerwährenden siebendimensionalen Reich Gottes, zu unserer ewigen Heimat, zu der ewigen Ur-Wurzel des göttlichen Wesens, das im Urgrund jeder Seele pulsiert. Wie oft und wie lange wir den Weg des Vergessens auch gehen mögen – die Seele über Planetenkonstellationen des feinerstofflichen Makrokosmos oder in weiteren Einverleibungen als Mensch –, der Weg ist gegeben, denn keine Energie geht verloren. Wir können es uns nicht oft genug bewusst machen: Unser göttlicher Leib im Urgrund unserer Seele ist ewige kosmische Energie aus dem Reich Gottes; deshalb wird keine Seele jemals verloren gehen.
Der Weg des Vergessens wird nur mit schlichten Worten wiedergegeben, weil er der Weg zum siebendimensionalen ewigen Reich, dem ewigen, feinstofflichen Makrokosmos, ist, der mit unseren dreidimensionalen Worten und Begriffen nicht allumfassend, nicht detail-

liert, beschrieben werden kann. Im Erdenleben des Menschen ist alles der Begrenztheit der drei Dimensionen unterworfen, so auch unsere Sprache. Daher wird hier das, was aufgrund der Fallgedanken, aufgrund der Absplitterung vom Reich Gottes, geschah, mit einfachen Worten dargeboten, so weit, wie es zu verstehen möglich ist. Jedwede wissenschaftlichen Prägungen und mathematischen Formeln würden nur mehr Verwirrung in die Schilderung des großen Geschehens bringen, das, wie gesagt, ohnehin mit dreidimensionalen Worten nur angedeutet werden kann. Gott ist ein gerechter Gott. Seine Schaffungskraft bezieht sich, solange der Fall währt, auf Beistand und Hilfe für Seine noch belasteten Kinder und auf die Umwandlung des feinerstofflichen Makrokosmos und des materiellen Makrokosmos, denn diese Energien gehören dem Reich Gottes an, dem absoluten Makrokosmos.

Wie schon berichtet, vergessen wir Menschen vieles, was unsere Vergangenheit betrifft. Doch ist davon nicht alles getilgt, nicht aufgehoben und umgewandelt in höhere Kräfte, auch dann nicht, wenn wir uns nicht mehr erinnern oder nicht mehr erinnern wollen. Oftmals wollen wir das nicht wahrhaben, dem nicht ins Auge schauen, was unsere Seele und unseren Körper belastet in Bezug auf Menschen, Natur, Tiere und Mineralien, hinsichtlich der gesamten Erde.

Der Mensch ist nun mal dreidimensional geprägt. Seine Seele hingegen ist feinerstofflich. Sie ist umgeben von der Dimension, die sie gemäß dem Verhalten ihres Menschen ausstrahlt. Daher ist sie für den Menschen weder im verkörperten noch im entkörperten Zustand sichtbar. Was die Seele durch das Verhalten ihres Menschen gespeichert hat, kann der Mensch nicht ohne weiteres abstreifen und mit willentlichem Vergessen abtun; er kann es nicht ungeschehen machen.

Nach unserem Leibestod nimmt unsere Seele sowohl das Positive als auch das unbereinigte Negative mit, das ihrem Werdegang als Mensch entsprach. Ob der ehemalige Mensch es vergessen hat oder vergessen wollte oder ob er sich daran nicht mehr erinnert, spielt keine Rolle – gespeichert ist gespeichert.

Der Weg der Seele nach dem Hinscheiden ihres physischen Körpers

Nach dem Naturgesetz gehört der materielle Körper der Erde an. Im Augenblick des Hinscheidens des Körpers löst sich ganz allmählich die Seele von der sterblichen Hülle, dem Körper, und ist sogleich einem anderen Aggregatbewusstsein, einer ihr angemessenen Dimension, zugehörig.

Die Anbindung an Menschen, die mit dem nun Hingeschiedenen sehr vertraut waren, mit ihm viele Jahre zusammen lebten, die mit ihm gemeinsam im Zeitlichen einiges erwarben und für ihre Familien oder Bekannten manches aufbauten, was für sie von Wert war, kann für den jetzt Verstorbenen zum Problem werden.

Die Hinterbliebenen sehen die Seele des vormals ihnen nahestehenden Menschen nicht. Umgekehrt jedoch sieht die Seele die Menschen, mit denen sie als Mensch zusammen lebte und wirkte, weil der gleiche Magnet, ob Mensch oder Seele, immer wieder Gleiches anzieht. In der ersten Zeit nach dem Leibestod des Menschen befindet sich seine Seele noch mitten unter diesen ihr

vertrauten Menschen. Sie lebt noch in der Ansicht ihres Wertes als Mensch, in all dem, was für den Menschen Heimat, Sicherheit, Gewinn, Ansehen und dergleichen brachte, was also für den Menschen von Bedeutung war. Die Seele dieses Menschen kann sich nicht ohne weiteres lösen; der Magnetismus zu den Werten des Äußeren ist viel zu gewichtig. Der Magnet ist das Umfeld, in dem sich der ehemalige Mensch wohlfühlte, wo er seine Gewohnheiten pflegte, wo er angesehen war, wo er Güter besaß, Gewinn machte und, und, und. Kann sich die Seele trotz der Erkenntnis, dass sie jetzt Seele ist, davon nicht ohne weiteres lösen, dann bleibt sie, für Menschenaugen unsichtbar, in der ihr vertrauten irdischen Umgebung.
Die Impulse, die bezüglich ihres weiteren Werdegangs als Seele zu ihr gelangen, will sie zunächst nicht wahrhaben, denn diese regen in ihr vieles Unbewältigte an, das sie als Mensch vergessen wollte oder vergessen hat. Die Eingaben im materiellen Makrokosmos treten in der Seele immer deutlicher zutage. Das Vergessene zeigt sich in unterschiedlichen Bildabfolgen, die die Seele darauf hinweisen, sie möge das wieder aktuell und erkennbar in Erscheinung tretende Negative jetzt in ihren Gefühlen und Empfindungen beheben, also

bereinigen, um sich davon lösen und es dann vergessen zu können.

All das Leid, das Weh und der Schmerz, den wir durch unsere Ich-Sucht oder Gleichgültigkeit Mitmenschen zugefügt haben, wird in diesen Bildabfolgen lebendig. Da diese Bilder die Gravur in unserer Seele sind, können wir sie nicht einfach abschütteln, sondern wir werden sie am eigenen Seelenleib erleben. Schmerzen, Trauer, Einsamkeit, Verlassenheit, Leid und Sorgen, die andere durch uns erfuhren, werden wir als Seele in unserem Seelenleib schauen, selbst erleiden und erdulden. Deshalb lehrte Jesus, der Nazarener – es sei wiederholt:

„Schließ' ohne Zögern Frieden mit deinem Gegner, solange du mit ihm noch auf dem Weg zum Gericht bist. Sonst wird dich dein Gegner vor den Richter bringen, und der Richter wird dich dem Gerichtsdiener übergeben, und du wirst ins Gefängnis geworfen."

Über das Sendebewusstsein des grobstofflichen Makrokosmos hinaus gibt auch eine feinerstoffliche Planetenkonstellation aus dem feinerstofflichen Makrokosmos der Seele energetisch Hinweise bezüglich des Weges zu ihrem weiteren Bestimmungsort.

Wenn wir Menschen uns bewusst machen, dass jeder Mensch für sich alleine stirbt und jeder den Weg des Vergessens alleine geht, dann fällt es uns um vieles leichter, zu verstehen, dass jeder von uns ein spezifisches Individuum ist, das sich energetisch mit seinen eigenen, persönlichen Eingaben umgibt. Das ist sein Fluidum hier als Mensch und drüben als Seele.

Jeder Mensch hat seinen spezifischen Tagesablauf mit seiner individuellen Prägung. Sämtliche Vorgänge des Tagesgeschehens, die Verhaltensvarianten des Menschen, werden vom materiellen Makrokosmos begleitet. Die ganze Skala der Bedürfnisse, alle Gewohnheiten und Angewohnheiten, sind Energien, oftmals im Makrokosmos als gleichartige gebündelte energetische Kollektive gespeichert.
Keine Energie geht verloren. Alle diese persönlichen Dinge und Gepflogenheiten, die letzten Endes zu jedem einzelnen Menschen gehören, werden vom materiellen Makrokosmos aufgezeichnet. Auch dann, wenn diese Wesenszüge, die das Dasein in unserer dreidimensionalen Welt automatisch mit sich bringt, uns nicht belasten, sind sie trotzdem Teil des Weges des Vergessens.

Alles, was wir Menschen jeden Tag ganz selbstverständlich ausführen, weil es das Erdenleben nun mal erfordert – die entkörperte Seele braucht davon nichts mehr. Sie lebt in einer anderen Dimension, die feinstofflich ist. Doch die Gewohnheiten behält sie lange bei. Jegliches Tun ist Energie.

Noch einmal zur Verdeutlichung: Alles, was zum Menschen gehört, zur dreidimensionalen Welt, auch wenn es keine Belastung für die Seele ist, nimmt diese dennoch mit in die andere Welt, in das Jenseits. Auch das, was sie nicht belastet hat, muss sie ablegen auf dem Weg des Vergessens.
Alles jedoch, was für die Seele belastend ist, speichern Planetenkonstellationen des feinerstofflichen Makrokosmos. Erhebliche Belastungen durch den Menschen können in dessen Seele eine schwerwiegende Gravur sein und sich, wie schon gesagt, zusätzlich im materiellen Makrokosmos zu einer sogenannten Matrize, auch Kokon genannt, formieren. Dadurch wird dieser schwer belasteten Seele die Möglichkeit gegeben, sich erneut einzuverleiben. Den Drang danach wird sie verspüren, wenn sie von ihrem bisherigen Tun als Mensch nicht loslassen und wieder als Mensch leben möchte.

Zeugen dann zwei Menschen, ein Mann und eine Frau, die eine ähnliche Ausstrahlung aufweisen wie die Prägung der besagten Seele ist, ein Kind, so wird die Seele alles daransetzen, als neugeborenes Menschenkind bei diesen Eltern zu sein. Es gibt keine Zufälle – Gleiches und Ähnliches zieht sich an.

Eine entkörperte Seele, an ihr ehemaliges Umfeld gebunden

Nichts geschieht also zufällig! Alles ist geführt, alles ist gelenkt; alles kommt zur rechten Zeit in Bewegung und wird früher oder später offenbar. So manche Seele, die sich als Mensch an Zeitliches gebunden hat, kann sich sehr schwer z.B. von Orten, Ländern, von Geld und Gütern trennen. Das Umfeld, das für ihren ehemaligen Menschen angenehm und nützlich war, bindet so manche Seele. Sensitive Menschen merken die Anwesenheit der Seele eines kurz zuvor Verstorbenen. Oft wird berichtet:
Die verstorbene Mutter – der Vater, der Großvater, die Großmutter oder gar, wenn ein Kind in der Familie hingeschieden ist – ist noch in der Nähe, zwar unsicht-

bar, aber spürbar gegenwärtig. Menschen mit weniger Sensitivität, Menschen, die diese Welt als die einzige Realität bejahen, werden solche Wahrnehmungsgefühle als Gefühlsduselei oder als Einbildung abtun.

Es ist denkbar, dass sich so manche Seele nur schwer von der gewohnten Umgebung loslösen kann, wenn sie als Mensch mit großem Vermögen, von extravagantem Lebensstil, von Festivitäten und Luxus umgeben war, wenn sie in schönen Landschaften gelebt hat, wenn sie durch Besitz Ansehen erworben hat, und vieles mehr. Alles, was der Mensch als sein Eigen betrachtet und an sich gebunden hat, ist für eine solche Seele oftmals ein Hemmschuh, sich von diesem bindenden Lebensstil zu trennen.

Kann sich die Seele von ihrer Umgebung nicht lösen, dann lebt sie also unter Umständen noch weiterhin unter den Menschen, mit denen sie als Mensch gelebt und das Erdenleben in Fülle und Reichtum genossen hat. Sie versucht, sich in die Gespräche ihrer Vertrauten einzuschalten, doch sie wird nicht gehört und nicht wahrgenommen. Das ist für eine solche Seele nicht nur sehr schmerzlich und inakzeptabel; diese Situationen regen sie oftmals an, sich wieder einzuverleiben, erneut Mensch zu werden.

Ein weiteres, ähnliches Beispiel: Einem sensitiven Menschen, der einem Verstorbenen sehr nahe stand, läuft ab und zu ein Schauer über den Rücken, und er denkt: „Die Seele des kürzlich verstorbenen Vaters ist noch da; sie hört mit, sie spricht mit." Der Eindruck lässt sich nicht fortwischen, und dieser Mensch sagt: „Ich fühle es genau." – Warum läuft ihm ein Schauer über den Rücken? Weil die anwesende Seele diesen Menschen berührt hat; sie will sich mitteilen, Kommunikation aufnehmen.

Der Schauer, den so mancher Mensch spürt, ist die Körperstrahlung des feinerstofflichen Leibes, der Seele, also das Fluidum, das die Seele umgibt. Die Seelenstrahlung ist um vieles kühler als die Körperstrahlung; deshalb der kurze Schauer über den Rücken, die Nervenbahnen entlang.

Einerlei, in welchem Milieu der ehemalige Mensch aufwuchs und gelebt hat – die Seele bleibt meistens eine geraume Zeit an diesem Ort und versucht, in ihrem einstigen Wirkungskreis wie gewohnt als Mensch weiterzuleben. Nicht selten muss eine Seele durch die Einstrahlung des Makrokosmos leidvoll erkennen, dass sie von ihren ehemaligen Freunden, von der Familie nicht mehr wahrgenommen wird. Der materielle Makrokosmos wirkt als Strahlungsintensität auf die Seele ein und versucht zu erreichen, dass diese ihre Situation erkennt. Die Seele soll schließlich erfassen, dass die ihr einst lieb gewordene Umgebung für sie nicht mehr greifbar ist und sie nun ganz allmählich über ihre Speicherungen den Weg zu gehen hat, den ihr Mensch durch sein Verhalten vorgegeben hat. Sie ist durch Strahlung angeregt, den Weg des Vergessens zu gehen, über den materiellen Makrokosmos in eine entsprechende Reinigungsebene, zu der ihr gleichschwingenden Planetenkonstellation.

Hat die Seele begriffen, worum es geht, spürt sie ganz allmählich den Zug hin zu anderen Lebenssituationen, gleich Lebenseingaben, zu ihren aktiven Speicherungen, dann geht sie unter Umständen Schritt für Schritt den Weg des Vergessens und beginnt, sich von ihrer ehemaligen irdischen Umgebung abzuwenden. Dabei wird vieles in ihr unwichtig, was einstmals so von Bedeutung war. Der Weg des Vergessens heißt unter anderem, sich ganz allmählich – oftmals sehr schwer – von dem zu lösen, was der Seele als Mensch Sicherheit und Halt gegeben hatte. Langsam, ganz langsam nimmt die Seele Abstand von dem ehemaligen Wirkungskreis als Mensch. Sie geht den Weg, den ihr der materielle Makrokosmos und eine Planetenkonstellation im feinerstofflichen Kosmos aufzeigen.

Eine Seele, die die Strahlungen und Führungen der beiden Kosmen zu deuten gelernt hat, beginnt loszulassen, auch dann, wenn die Sehnsüchte nach diesem einstigen Erdenleben zunächst noch bindend ziehen. Doch die Erkenntnis, und sei diese noch so bitter, ist dann ihr Weg, der Weg des Vergessens, um in einer anderen Dimension das zu beheben, was ihr noch anhaftet. Die Seele lässt allmählich los von dem Gefühl der Wärme und Kühle, von Schlaf und Erwachen, von vertrauten Gegenständen, von schönen Landschaften, von luxuriösem Leben, von feudalen Ess- und Trinkgewohnheiten, auch z.B. von dem ihr als Mensch lieb gewordenen, angenehmen Sessel, in der ihr Mensch Stunden über Stunden saß und den Ausblick auf die idyllische Landschaft genossen hat.

Im Großen und Ganzen müssen jeder Mensch und jede Seele in sich selbst den Weg zu ihrem Ursprung finden und einschlagen, indem sie die Gesetze des Unendlichen erfüllen.

Zur Wiederholung: Sobald sich die Seele von den Bedürfnissen und Gepflogenheiten ihres einstigen Menschen, von Lebensgewohnheiten und luxuriösem Leben, zurückzieht, beginnt das Vergessen. Der sensitive Mensch merkt dann, dass die Seele nicht mehr in der Nähe ist. Geht die Seele den Weg des Vergessens, erwachen in ihr andere Erinnerungen. Es sind Aspekte von Fehlhaltungen, die ein Teil der Gravur in ihrer Seele sind und die sie in einer feinerstofflichen Planetenkonstellation an diesem ihrem vorübergehenden Bestimmungsort erkennen, bereuen und ablegen sollte.

Auf dem Weg des Vergessens zu einer feinerstofflichen Planetenkonstellation werden weitere Aufgaben zur Bereinigung angeregt, die die Seele als Gravur trägt. Auf ihrem Weg verändert sich auch ihre Körperstrahlung. Die Seele nimmt andere Gesichtszüge an. Sie trägt ein feinerstoffliches Seelenkleid, eine ätherische Hülle, die in ihren Farbnuancen der Bewusstseinsstrahlung der Seele und der ihr zugeordneten jenseitigen Planetenkonstellationen entspricht.

„Das Leben, das ich selbst gewählt"

Der Weg einer anderen Seele kann folgender sein: Möglicherweise hat der ehemalige Mensch, nun verstorben, über seine Seele eine Matrize im materiellen Kosmos geschaffen, um sich eventuell möglichst rasch wieder einzuverleiben. Der Seele werden die gesetzmäßigen Zusammenhänge erklärt, und sie wird darauf hingewiesen, dass wiederholte Inkarnationen nicht Gottes Wille sind. Höhere Wesen zeigen der Seele, die zu einer physischen Neugeburt drängt, ihre Gravur, ihre derzeitigen Fehlhaltungen gegen das Leben der Einheit, der Freiheit, der Gottes- und Nächstenliebe auf, damit sie diese schon im Jenseits erkennen, bereuen und bereinigen kann. So manche Seele will das nicht, weil ihre Matrize ihre einstigen menschlichen Fehlhaltungen ansendet, also in Bewegung bringt. Dann fasst die uneinsichtige Seele trotz der Belehrung unter Umständen die Möglichkeit ins Auge, sich wieder einen neuen Erdenkörper anzueignen.

Von den sie begleitenden lichten Wesen werden der Seele die wesentlichen Aspekte ihres Daseins als der neue Mensch aufgezeigt, was ihr also bevorstünde, falls sie sich wieder verkörpern würde.

Ein Gedicht, das Hermann Hesse zugeschrieben wird, kann uns Menschen behilflich sein, um zu erkennen, dass die Seele niemals alleine ist, dass sie immer belehrt wird, dass sie immer geführt ist, dass immer etwas in ihr in Bewegung kommt. Das Gedicht heißt: „Das Leben, das ich selbst gewählt":

Ehe ich in dieses Erdenleben kam,
ward mir gezeigt, wie ich es leben würde.
Da war die Kümmernis, da war der Gram,
da war das Elend und die Leidensbürde.
Da war das Laster, das mich packen sollte,
da war der Irrtum, der gefangennahm.
Da war der schnelle Zorn, in dem ich grollte,
da waren Hass und Hochmut, Stolz und Scham.

Doch da waren auch die Freuden jener Tage,
die voller Licht und schöner Träume sind,
wo Klage nicht mehr ist und nicht mehr Plage,
und überall der Quell der Gaben rinnt.
Wo Liebe dem, der noch im Erdenkleid gebunden,
die Seligkeit des Losgelösten schenkt.
Wo sich der Mensch, der Menschenpein
entwunden, als Auserwählter hoher Geister denkt.

Mir ward gezeigt das Schlechte und das Gute,
mir ward gezeigt die Fülle meiner Mängel,
mir ward gezeigt die Wunde, draus ich blute,
mir ward gezeigt die Helfertat der Engel.
Und als ich so mein künftig' Leben schaute,
da hört' ein Wesen ich die Frage tun:
Ob ich dies zu leben mich getraute,
denn der Entscheidung Stunde schlüge nun.

Und ich ermaß noch einmal alles Schlimme –
„Dies ist das Leben, das ich leben will!",
gab ich zur Antwort mit entschloss'ner Stimme
und nahm auf mich mein neues Schicksal still.
So ward geboren ich in diese Welt,
so war's, als ich ins neue Leben trat.
Ich klage nicht, wenn's oft mir nicht gefällt,
denn ungeboren hab' ich es bejaht.

Auch aus den Worten des Gedichts ersehen wir, dass wir als Seelen jeweils vor einer neuen Inkarnation umfassend über das unterrichtet werden, was uns im Erdenleben erwartet, also unsere Ausgangsposition oder bestimmte Konstellationen im irdischen Dasein, unsere Veranlagungen und, und, und. Wie wir damit umgehen, ob wir uns, davon ausgehend, zum Positiven entwickeln oder nicht, liegt wiederum in der Freiheit jedes Einzelnen.

Die geistige Struktur des feinstofflichen Leibes der göttlichen Wesen. Der durch gegensätzliche Energien belastete Geistleib – die Seele

Es war bereits von göttlichen Wesen die Rede, deren feinstofflicher Körper Geistwesen genannt wird. Dieser ist in der Partikelstruktur aufgebaut, im Gegensatz zu unserem physischen Körper, der aus Zellen, Knochen, Sehnen, Bändern, Nerven et cetera besteht.
Der göttliche Leib ist ein absolut flexibles Gebilde, durch das die unermessliche Urkraft strahlt, das Gesetz des ewigen Seins, das All-Bewusstsein. Um uns die Partikelstruktur vorzustellen, kann uns das Schuppengebilde eines Fisches dienlich sein. Denn schuppenartig liegen, Lage für Lage, die Partikel des göttlichen Leibes an- und übereinander. Jeder Partikel ist durchstrahlt vom Licht des Universums, vom All-Bewusstsein, dem Gesetz des Reiches Gottes, das all-

gegenwärtig ist. Der geistige, göttliche Leib empfängt ohne Unterlass die Ur-Strahlung des Seins über den göttlichen Wesenskern, der das Herz des Geistleibes ist.

Die Ur-Kraft des Seins, das kosmische All-Bewusstsein, besteht aus sieben Ur-Grundkräften. Weil Gott Einheit ist, ist jede Ur-Kraft-Strahlung in der anderen enthalten. Folglich strahlen die sieben Ur-Kräfte in sieben mal sieben Facetten in die Unendlichkeit und wirken unter anderem in allen Partikeln des geistigen Leibes, so auch in jedem Evolutionsschritt der im Bewusstsein unterschiedlichen Lebensformen. Deshalb ist jeder Partikel erfüllt vom kosmischen All-Bewusstsein, dem Licht der Unendlichkeit.

Die Mentalität eines Geistwesens – wir Menschen würden von spezifischen Fähigkeiten sprechen – erkennt man in seiner Ausstrahlung, die jeweils auf eine Grundkraft bezogen ist. Die Mentalität, die einer der sieben Grundkräfte Gottes entspricht – der Ordnung, des Willens, der Weisheit, des Ernstes, der Geduld, gleich Güte, der Liebe oder der Barmherzigkeit, gleich Sanftmut –, prägt, wie gesagt, die Partikelstruktur des göttlichen Leibes und drückt sich auch in der Art der Gewänder der Geistwesen aus.

Aus der göttlichen Welt wissen wir, dass jedem Menschen eine Seele innewohnt, deren Ursprung göttlich und deren ewige Heimat das Reich Gottes ist. Nach dem Leibestod des Menschen hält sich unsere Seele in jenseitigen, feinerstofflichen Sphären auf. Der Seele ist, wie dem Geistkörper der himmlischen Wesen, ebenfalls die Partikelstruktur eigen, nur, dass Partikel der Seele verschattet sind. Die Ausstrahlung einer Seele entspricht den Belastungen, die ihr der ehemalige Mensch durch sein gegensätzliches Verhalten gegen das kosmische All-Gesetz der Gottes- und Nächstenliebe auferlegt hat. Wir Menschen nennen ein gottwidriges Denken und Tun „Sünde". Die Sünden also, die der Mensch begangen und nicht gesühnt hat, gingen als Verschattungen in die entsprechenden Partikel der Seele ein. Daraus ergibt sich: Solange unser ursprünglicher, göttlicher Leib durch uns Menschen belastet ist, wird dieser Seele genannt.

Gemäß der Ausstrahlung der Seele – wir bezeichnen diese auch als Aura oder Korona – trägt sie ihre Seelenkleider. Es ist das, was die Seele umgibt, das, was sie an Belastungen trägt und somit widerspiegelt. Es ist ihr derzeitiges aktives Fluidum. Die unterschiedlichen Farbnuancen, die die Art ihrer Belastungen ausweisen, nennt man Seelenkleider; sie sind ihrer Ausstrahlung schwingungsgleich. Es ist ihr gegenwärtiges energetisches Kleid, das sie umhüllt.

Die Wanderwege der Seele

So, wie der Mensch auf der Wanderschaft ist, ist auch die Seele auf der Wanderschaft. Auch sie hat immer die Wahl, welchen Weg sie einschlagen möchte. Entweder sie strebt danach, bald zurück in die ewige Heimat zum feinstofflichen Makrokosmos, zum Reich Gottes, zu gelangen, oder sie verbleibt eine geraume Weile als Seele in einer Reinigungsebene, die ihrer Strahlungsintensität entspricht. Es steht ihr ebenfalls frei, wieder zur Einverleibung zu gehen. Für welche dieser Möglichkeiten sich die Seele auch entscheidet – sie ist immer umhüllt von dem, was ihr Mensch ihr einst auferlegt hat und das noch nicht bereinigt, als Schuld noch nicht getilgt ist.
Jeder Bewusstseinsstand der Seele ist ihr momentaner Zustand. Dieser zeigt sich auch im Seelenkleid und ist dann, wenn sie sich neu einverleibt, also Mensch wird, in ihm als Strahlung seiner Seele. Ihre positiven

wie ihre negativen Seiten bringt sie mit zur Einverleibung. Im neuen Werdegang ihres Erdendaseins wird davon einiges aktiv. Es kommt sukzessive dann zur Auswirkung, wenn der junge Mensch zwischen Gut und Böse zu unterscheiden vermag.

Der Werdegang einer nicht einverleibten Seele kann folgender sein: Hat die Seele die ihr anhaftenden negativen Merkmale, ihre unguten Charaktereigenschaften, die dem Bildnis ihres ehemaligen Menschen entsprachen, weitgehend behoben, also bereinigt, dann folgen die nächsten Schritte, gegebenenfalls zu weiteren, unter Umständen gar höheren, lichteren Planetenkonstellationen. Die Seele vernimmt die jeweiligen Frequenzen in ihrem derzeitigen Bewusstsein. Ihr momentaner Aufenthaltsort entspricht ihrem Bewusstseinsstand. Sie wird angeregt, das, was der Seele noch an Belastendem anhaftet, anzuschauen, um es zu beheben.

Auf diesem weiteren Wanderweg der Seele muss sie an ihrem Seelenleib oftmals schmerzhaft erkennen, was ihre Gravur ihr deutlich aufzeigt: z.B. ihr Vergehen an Menschen, das Quälen der Tiere, das mutwillige Töten der Tiere, das Verzehren des Tierfleisches. Auch die Schändung der Natur und die Ausbeutung der Erde sind in der Seele des sogenannten Sünders, des ehemaligen Menschen, bildhaft aufgezeichnet und vielfach mit Leiden und Schmerzen verbunden. Was sie als Mensch Menschen, Tieren, der gesamten Mutter Erde zugefügt hat, seien es Qualen, Schmerzen, Leiden und vieles mehr, hat sie nun zu tragen und am eigenen Leibe selbst zu fühlen. Das ist die sogenannte Abtragung.

Werden der Seele solche und ähnliche Belastungen bewusst, dann wird sie von lichteren Wesen – so, wie sie auf ihrem Wanderweg immer belehrt wurde – auch diesbezüglich aufs Neue unterwiesen. Ihr Bewusstseinskleid entfaltet sich aus der Seele selbst, denn jegliche Strahlung, ob positiv oder negativ, hat ihre spezifische Farbe und die zu der Schwingung der Seele passende Form. Auf ihrem Wanderweg zeigt sich der nächste Schritt, das, was von ihr bereinigt werden soll. Dieser wird im Seelenkörper, gleich Seelenkleid, sichtbar.

Auf allen Wanderwegen der Seele verändert sich das Aussehen des Seelenkörpers und der Seelenkleider. Je mehr sich die Seele geistig entwickelt – je umfassender sie ihre Gravur erkennt, bereut, bereinigt und oftmals schmerzhaft abträgt –, desto mehr verändert sich durch die Umwandlung der Energie vom Negativen zum Positiven die feinerstoffliche Körperstruktur. Der feinerstoffliche Körper wird heller, die Seelenkleider werden lichter, die Gesichtszüge edler. Schritt für Schritt nähert sich das Seelenwesen seiner wahren, ewigen Heimat. Ganz allmählich entfaltet sich seine göttliche Wesenheit, das feinstoffliche Geistwesen.

Es kommt also ganz und gar auf die Seele an, wie sich diese entscheidet. Folgt sie der höheren Einsicht, sich geistig weiterzuentwickeln, indem sie den Weg des weiteren Erkennens und Bereinigens ihrer Schuld geht, so wird das Niedere, die Schuld, vom All-Bewusstsein umgewandelt und gereicht ihr zu höherer Lichtintensität. Was an Sünde, gleich Schuld, nicht mehr vorhanden ist, ist also getilgt und somit vergessen.

Will sich eine Seele hingegen einverleiben, dann geht sie wieder in die Tiefe. Sie nähert sich erneut dem materiellen Makrokosmos, um sich dann, sobald möglich, zur neuen Menschwerdung zu begeben. Jeder Mensch, jede Seele hat den freien Willen zur freien Entscheidung. Kehrt die Seele wieder zurück zu einer weiteren Menschwerdung, dann geht sie, wie gesagt, über die von ihrem ehemaligen Menschen geschaffene

Matrize. Auch die Wiederverkörperung bringt es mit sich, dass die menschlichen Turbulenzen der vergangenen Inkarnationen zunächst nicht mehr bewusst, also „vergessen" sind. Doch in diesem Fall ist dadurch natürlich kein Schritt auf dem besagten Weg des Vergessens getan – Seele und Mensch lassen das Sündhafte nicht hinter sich. Die entsprechende Schuld wird irgendwann vom Tatengesetz, dem Gesetz von Saat und Ernte, aufgezeigt werden. Der Weg des Vergessens heißt jetzt der Weg des Aufdeckens.

Eine Seele inkarniert – Mensch und Seele werden an den göttlichen Prinzipien der Zehn Gebote und der Bergpredigt Jesu gemessen.

Wie sieht eine Inkarnation aus? Ein Kind wird geboren. Was diese Seele in dem materiellen Makrokosmos und eventuell in feinerstofflichen Planetenkonstellationen erlebt hat und was sie aus Vorinkarnationen mitbringt, Positives und Negatives, ist also vorerst nicht mehr greifbar, es ist „vergessen". Das Kind wächst heran. Wenn es, wie gesagt, zwischen Gut und Böse zu unterscheiden gelernt hat, also nach entsprechenden Erdenjahren, kommt so manches aus den Vorinkarnationen Mitgebrachtes zum Tragen, das nun von diesem Menschen Schritt für Schritt behoben werden soll.

Wir Menschen kennen die Zehn Gebote Gottes durch Mose und die Bergpredigt des Jesus von Nazareth. Sie bilden zusammengefasst das Leben und sind jedem einzelnen Menschen als der Weg ins Vaterhaus gegeben. Das Leben ist ewig, deshalb ist es nicht hier und dort – das Leben ist Einheit, ist der kosmische Geist, das kosmische Gesetz, das in folgenden Prinzipien zum Ausdruck kommt: Gleichheit, Freiheit, Einheit, Brüderlichkeit und Gerechtigkeit. Diese gelebten All-Prinzipien – die letzten Endes der Weg heim in das ewige Sein sind – werden von den meisten Menschen missachtet. Doch der Mensch und seine Seele, die Wanderer sind und bleiben, bis sie in den mächtigen Ozean des All-Einen, in das Gesetz der Einheit eintauchen, werden an diesen göttlichen Prinzipien, die die Einheit symbolisieren, gemessen; auch die Taten des Einzelnen werden entsprechend gewogen. Das ist die Wahrheit, wie wir auch folgender Überlieferung entnehmen können:

„Es kam ein Mann zu Jesus und fragte: Meister, was muss ich Gutes tun, um das ewige Leben zu gewinnen? Er antwortete: Was fragst du Mich nach dem Guten? Nur einer ist »der Gute«. Wenn du aber das Leben erlangen willst, halte die Gebote! Darauf fragte er Ihn: Welche? Jesus antwortete: Du sollst nicht töten, du sollst nicht die Ehe brechen, du sollst nicht stehlen, du sollst nicht falsch aussagen; achte Vater und Mutter! Und: Du sollst deinen Nächsten lieben wie dich selbst! Der junge Mann erwiderte Ihm: Alle diese Gebote habe ich befolgt. Was fehlt mir jetzt noch?

Jesus antwortete ihm: Wenn du vollkommen sein willst, geh, verkauf deinen Besitz und gib das Geld den Armen; so wirst du einen bleibenden Schatz im Himmel haben; dann komm und folge Mir nach … Da sagte Jesus zu Seinen Jüngern: Amen, das sage Ich euch: Ein Reicher wird nur schwer in das Himmelreich kommen. Nochmals sage Ich euch: Eher geht ein Kamel durch ein Nadelöhr, als dass ein Reicher in das Reich Gottes gelangt."

In unserer Welt gab es schon immer viele Reiche, und heutzutage gibt es immer mehr Reiche und daher auch viele Seelen, die immer wieder zur Erde tendieren, weil ihre Matrizen, ihre Strahlenkokons, entsprechend programmiert sind. Eine Seele, die sich von ihrem

Geld und ihren Gütern, von Ansehen und Reichtum nicht trennen kann, hegt immer wieder die Hoffnung, in diese „Wohlfühloase" erneut hineininkarnieren zu können. Die Seele, die zu einem solchen Geld-und-Güter-Clan gehört, ist immer wieder bestrebt, in einen sogenannten „langzeitbegüterten Familienclan" hineinzuinkarnieren.

So manch einer aus dem Familienclan schafft durch Heirat und Zeugung von Kindern einer derart geprägten Seele eine Wiege, damit sie als Mensch wieder dort sein kann, wo der einstige Mensch in einer Vorinkarnation war – in einer Umgebung, die für die Seele noch ein und alles bedeutet. Doch irgendwann wird die Wiege für eine solche Seele, die in ihrer Wunschwelt gefangen ist, leer bleiben, oder es wird sich eine weit entfernte Seele dieser Wiege bedienen, sich also einverleiben, die zu diesem großen Vermögen keine Verbindung hat. Der Mensch, dessen Seele dafür keine Wertschätzung mitbringt, kann das mächtige Erbe annehmen oder in das Chaos führen. Oder eine Umbruchszeit nimmt dem Menschen die Chance, das Vermögen zu erhalten, es gar zu vermehren.

Im Zeitlichen gibt es weder Ewiges noch Ewigkeit. Kein Reichtum bleibt ewig bestehen. Der Zahn der

Zeit nagt nicht nur am Reichen und am Reichtum. Irgendwann ist es vorbei: Der Zahn der Zeit wird das Großartige, die „Wohlfühloase", das Geld und das Vermögen, in „Das war einmal" führen. Keine erdgebundene Seele kann auf Dauer den Reichtum ihres ehemaligen Menschen erhalten und diesen durch Inkarnationen in den gleichen Clan immer wieder für sich als Mensch in Anspruch nehmen. Irgendwann leidet der Mensch und nach der Entkörperung seine Seele. Irgendwann hat sie genug davon, Machtmensch zu sein.

Jeder Mensch hat seine individuelle Lebensbahn zu gehen, und jede Seele liefert sich so lange selbst aus, bis sie begreift, was Leben bedeutet, und dass es ohne das „Vergessen" menschlicher Dinge und Genüsse keinen Weg der Befreiung gibt, schon gar nicht ohne das Überwinden, Bereuen und Wiedergutmachen von Fehlhaltungen gegen das Gesetz der Einheit.
Ob das, was wir als Mensch vergessen haben, in unserem „Seelen-Computer" umgewandelt ist, kommt einzig darauf an, ob es nur die allgemeinen Bedürfnisse, die allgemeinen Gepflogenheiten innerhalb der dreidimensionalen Abläufe waren, oder ob es sich, wie

gesagt, um Fehlhaltungen gegen das Leben, also um Sündhaftes, handelte.

Als Hilfe zur Selbsthilfe wäre Folgendes zu raten: Das, was uns tagtäglich beschäftigt, die Ereignisse und Situationen, das Machtstreben und Machtausüben, mit etwas mehr Abstand zu betrachten. Das gilt vor allem im Hinblick auf das Persönliche des Einzelnen selbst, nicht für eine andere Person.

Der Weg jeder Seele, jedes Menschen mit dem Christus Gottes heim ins ewige Sein

Das Wort, das zum Leben führt, ist der Weg der Wahrheit. Es gibt nur eine Wahrheit – die ist Gott, und Gott ist grenzenlos. Im Ursprung unserer Seele sind wir göttliche Wesen, also Geistwesen, die weder an Raum noch an Zeit gebunden sind. Jedes Geistwesen ist gleichermaßen Erbe des Reiches Gottes und somit frei, grenzenlos, ohne Einschränkung. Der Geistkörper des göttlichen Wesens ist komprimiertes, ewiges Gesetz; er ist daher göttlich, ist aber nicht Gott. Jedes göttliche Wesen bewegt sich im All frei, ist also unabhängig, weil es das Gesetz des Lebens verkörpert.

Es lebt im All-Prinzip Gleichheit, Freiheit, Einheit, Brüderlichkeit, gleich Geschwisterlichkeit, und Gerechtigkeit, woraus sich unter anderem auch das grenzenlose Senden und Empfangen ergibt, die unendliche kosmische Allkommunikation. Das ewig reine Sein ist das Gesetz der Unendlichkeit. Es sind die Bahnen der Geistwesen, auf denen sie sich bewegen; wir Menschen würden, umgemünzt auf irdische Gegebenheiten, sagen: Es sind unsere Straßen und Wege.

Es wird immer klarer: Es gibt für die göttlichen Wesen keine Grenzen – sie sind in Gott, ihrem Schöpfer und ewigen Vater, grenzenlose Geistwesen im ewigen Sein. Der Weg zum ewigen Sein ist der Weg jeder Seele, jedes Menschen. Je eher wir ihn gehen, desto rascher sind wir in der ewigen Heimat: göttliche Wesen, reines, ewiges Sein, komprimiertes ewiges All-Gesetz. Wann und mit wie vielen Hürden wir diesen Weg zur grenzenlosen Einheit beschreiten, das bestimmt jeder Mensch, jede Seele selbst. Gott ist Freiheit – Er bestimmt uns nicht.

Damit wir Menschen Gottes Liebe und Freiheit erkennen, gab uns der Ewige, unser himmlischer Vater, durch Mose die Zehn Gebote, die Auszüge aus dem ewigen Gesetz der Freiheit sind. Wohlgemerkt: Sie lauten „du sollst" und nicht „du musst". Darin liegt die Freiheit jedes einzelnen Wesens. Die Freiheit ist ein himmlisches Gut, das in der Liebe Gottes wurzelt. Es heißt: *„Du sollst den Herrn, deinen Gott, lieben mit ganzem Herzen, mit ganzer Seele und mit all deinen Kräften. Das ist das wichtigste und erste Gebot. Ebenso wichtig ist das zweite: Du sollst deinen Nächsten lieben wie dich selbst."*

Wahre Freiheit bringt Gleichheit und Frieden; wahrer Friede bringt Einheit, und Einheit beinhaltet Brüderlichkeit, gleich Geschwisterlichkeit. Die Brüderlichkeit, gleich Geschwisterlichkeit, umfasst auch die Gerechtigkeit, denn vor Gottes Angesicht sind alle Seine Kinder gleich. Das ist der Weg zum Reich Gottes, und es gibt keinen anderen Weg.

Liebe Mitmenschen, jeder von uns hat in seiner Seele einen einzigartigen Schatz, einen wunderbaren Führer und Begleiter. Es ist der Geist des Christus Gottes, das Erlöserlicht, das uns auf unserem Weg über den materiellen Kosmos, über den feinerstofflichen Kosmos leuchtet, bis wir in den mächtigen Ozean Gott eintauchen, in das All-Gesetz des ewigen Seins, und wieder ewiglich zu Hause sind in den himmlischen Wohnungen, die Jesus von Nazareth uns ankündigte: *„Im Haus Meines Vaters gibt es viele Wohnungen. Wenn es nicht so wäre, hätte Ich euch dann gesagt: 'Ich gehe, um einen Platz für euch vorzubereiten'?"*

Wünschen wir uns gegenseitig einen sicheren Weg ins ewige Vaterhaus!

Gabriele

Nachwort

Der Weg des Vergessens wirft ein neues Licht auf die Bedeutung unserer Erdentage. Nichts von dem, was wir zu verantworten haben, soll übersehen werden. Erst wenn das von uns Verschuldete durch Selbsterkenntnis und Bereinigung vollständig aufgehoben, gleich gelöst, ist, wird es ganz und gar dem Vergessen anheim gegeben werden. Dann hat der Christus Gottes all das Üble umgewandelt in lichte, feinstoffliche Energieform.

In diesen Prozessen bleibt uns die Kleinarbeit der Selbstkontrolle und des Aufarbeitens nicht erspart. Es handelt sich – wohlgemerkt! – um ein Vergessen-Dürfen! Dies in rechter Weise zu vollziehen, darin liegt unsere persönliche Verantwortung dem Leben und dem universalen Geist, unserem himmlischen Vater, gegenüber.

Diese kosmischen Vorgänge machen jede Stunde, jede Minute unseres Erdenlebens ungemein wertvoll.

Lesen Sie auch ...

Das ist Mein Wort
A und Ω

Das Evangelium Jesu
Die Christus-Offenbarung,
welche inzwischen die wahren
Christen in aller Welt kennen

Vieles, was Jesus lehrte, blieb den Menschen verborgen, denn in der heutigen Bibel steht nur, was Hieronymus (4.Jh.) in die Bibel aufnehmen durfte. In dem göttlichen Offenbarungswerk „Das ist Mein Wort" lesen wir von Christus selbst die Wahrheit über Sein Leben, Denken und Wirken als Jesus von Nazareth.

Aus dem Inhalt: Kindheit und Jugend Jesu • Die Verfälschung der Lehre des Jesus von Nazareth • Pharisäer gestern und heute • Jesus liebte die Tiere und setzte sich immer für sie ein • Die Bergpredigt • Sinn und Zweck des Erdenlebens • Voraussetzungen für die Heilung des Leibes • Vom Wesen Gottes • Gott zürnt und straft nicht. Das Gesetz von Ursache und Wirkung • Die Lehre der „ewigen Verdammnis" ist eine Verhöhnung Gottes • Über Tod, Wiedergeburt und Leben • Gleichstellung von Mann und Frau • Die kommende Zeit und die Zukunft der Menschheit • Die wahre Bedeutung der Erlösertat Christi u.v.a.m.

Mit Audio-CD der Originalaufzeichnung eines Göttlichen Prophetischen Heilens, gegeben durch Gabriele, die Prophetin und Botschafterin Gottes für diese Zeit; außerdem eine kurze Autobiographie von Gabriele, inklusive Kohlezeichnung.

1128 S., geb., Euro 19,80. ISBN 978-3-89201-271-9

Der verbogene Glaube

Weihrauch oder das Reich Gottes?

Nachfolger des Jesus von Nazareth pusten gleichsam mit einem kräftigen gemeinsamen Atemstoß die wabernde Weihrauchwolke hinweg, die sich seit Jahrtausenden wie ein zäher Nebel über die Gehirne der Menschen gelegt hat. Und sie stellen unter anderem fest: Jesus von Nazareth hat keine Religion gegründet. Er brachte uns die Freiheit in Gott, aber auch den Weg, wie jeder Einzelne von uns Gott wieder in sich finden und mit Seiner Hilfe das Reich Gottes in seinem Innersten erschließen kann. Nicht die Erfüllung irgendwelcher Priester-Rituale ist also der Sinn unseres Lebens, sondern in aller Freiheit das schrittweise Hineinwachsen in den inneren Himmel, aus dem wir einst alle kamen und in dem noch immer die Wohnungen für uns bereit stehen.

Das Einzigartige und besonders Bewegende dieses Buches dürften die Schilderungen von Gabriele, der Prophetin und Botschafterin Gottes für unsere Zeit, sein, mit der sie uns aus ihrem erschlossenen geistigen Bewusstsein Einblick gibt in unsere ewige Heimat. Eine Ahnung wird in uns lebendig, dass jeder von uns als Sohn, als Tochter Gottes aus den himmlischen Sphären kam ...

96 S., geb., Euro 14,90. ISBN 978-3-89201-326-6

Gerne übersenden wir Ihnen unser aktuelles Buchverzeichnis.
Gabriele-Verlag Das Wort GmbH
Max-Braun-Str. 2, 97828 Marktheidenfeld
Tel. 09391/504135. Fax 09391/504133
www.gabriele-verlag.de